KB273340

면접관을 위한 면접 가이드

면접관을 위한 면접가이드

초판 1쇄 발행 2010년 8월 30일
초판 2쇄 발행 2013년 11월 20일

지은이 주경희
펴낸이 박찬익
편집책임 이기남
책임편집 김민영

펴낸곳 도서출판 박이정
주소 서울시 동대문구 용두동 129-162
전화 02) 922-1192-3
전송 02) 928-4683
홈페이지 www.pijbook.com
이메일 pijbook@naver.com
등록 1991년 3월 12일 제1-1182호

ISBN 978-89-6292-128-1 13700

면접관을 위한
면접 가이드
주경희
도서출판 박이정

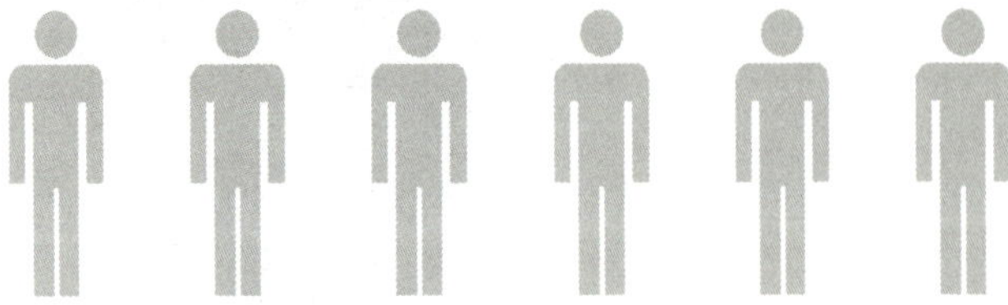

차례

● 용어문제

● 이 책의 기술 목적

면접관이 잘해야 면접이 면접답고, 인재를 올바로 뽑을 수 있다.

① 면접의 개념

024   1.1 의사 소통
        – 말이 통하는 것
034   1.2 인터뷰
        – 일정한 목적으로 만나 질문과 답을 하는 것
039   1.3 취업 면접의 특성
        – 일정한 목적으로 만나 필요한 사람을 뽑는 것

② 면접관의 훈련

050   2.1 면접관이란
        – 면접자 위에서 군림하는 사람이 아니다
057   2.2 면접관이 훈련을 받지 못했을 경우
        – 인재(人材)가 인재(人災) 된다
068   2.3 김대리, 이과장 면접관이 되었다네 (훈련 모형)
        – Communication Fitness Center 등록부터

③ 면접 구조화하기

096   3.1 면접 구조화의 장점
        – 어떻게 면접을 할까?

098   3.2 질문 내용 선정 절차
          – 무엇을 질문할까

● 보너스 : 고사성어를 이용한 면접

129   3.3 질문 방법의 구조화
          – 어떻게 질문할까
136   3.4 면접 유형에 따른 질문 방법
          – 면접 종류가 다르면 내용과 방법이 달라야
            한다

④ 면접하기

146   4.1 들으면서 요약을 하자
148   4.2 첫인상, 편견에서 벗어나자
152   4.3 정확하고, 구체적인 언어를 사용하자
155   4.4 공감을 하자
157   4.5 현재에 집중하자
159   4.6 타당도, 신뢰도, 중립성을 유지하자
161   4.7 라포르 형성을 하자
163   4.8 비언어적 의사소통에 유의하자
165   4.9 칭찬을 하자

⑤ 평가하기

170   5.1 일반 면접 답변 평가 방법
199   5.2 자기 소개서 평가 방법

207 5.3 자기 소개 평가 방법
209 5.4 프리젠테이션 평가 방법
212 5.5 토론 면접에서의 평가 기준
214 5.6 특이 면접 평가 방법

6 면접에서의 유머

220 6.1 유머의 정의
222 6.2 유머와 의사 소통 능력

7 다문화 사회에서의 면접 방법

외국인 혹은 나와 다른 그들을 면접하는 방법
236 7.1 다문화 사회
241 7.2 다문화 사회에서의 서로 다른 의사 소통 방법
249 7.3 열린 마음으로 이들을 이해하고 수용하자
252 7.4 다문화 사회에서 면접할 때의 유의점

8 면접자들은 이렇게 준비하고 온다

268 8.1 모범 답안을 외운 그들의 허를 찌르자
272 8.2 그들은 면접관들이 무엇을 좋아하는지 알고 있다.
        – 그래도 못하는 그들은 준비를 안 한 것이다.
276 8.3 각종 책에서 소개하는 면접 방법

이 책의 기술 과정에서 가장 어려웠던 것이 용어의 문제이다. 면접은 다양한 분야에서 접근하므로 각 분야에 맞게 용어를 선정하고 사용하고 있다. 동일한 의미를 지닌 용어가 상황에 따라 다양하게 사용되므로 용어를 정리하기로 한다.

면접에 대해

우리는 면접을 면담, 심문, 카운슬링 등과 구별되는 용어로 사용한다. 그러나 그 객관적 기준을 마련하기 쉽지 않다. 이들 모두 두 사람이 만나 질문과 답으로 구성되는 interview 라는 공통점을 지닌다.

따라서 인터뷰의 목적이나 인터뷰어(interviewer)와 인터뷔(interviewee)의 관계에 따라 구분할 수 있다. 우리는 이들 중 주로 취업 인터뷰(job interview)를 면접이라고 하고 이를 중점으로 논의할 것이다.

면접관에 대해

인터뷰(interview)에는 인터뷰를 진행하거나 주도하는 사람 (interviewer)과 그의 상대자(interviewee)가 있다.

대학 입학 시험에서의 면접에는 '입학사정관'이 interviewer 가 되며 '학생'이 interviewee가 된다. 갤럽 조사 등과 같은 인터뷰에서는 '조사원'이 interviewer가 되며 '응대자'가 interviewee가 된다. 이 책에서는 interviewer를 '면접관'으로, interviewee를 '면접자 혹은 지원자'로 사용한다.

인재에 대해

회사에서 필요로 하는 자질을 갖춘 사람이다. 면접관이 뽑으려는 대상을 인재라 한다. 회사에 따라 각기 필요로 하는 능력이 다를 것이다. 창조력, 친화력, 세계화 정도 등등, 이러한 인재됨을 알아내기 위해 의사 소통을 해야 한다. 즉 서로 통(通)함으로써 인재 여부를 판단할 수 있다.

역량에 대해

역량이란 목적을 성취하고, 이에 필요한 것들을 이루는데 필요한 일련의 행동을 형상화 할 수 있는 능력을 의미한다. 역량은 구조적이며 체계를 지니고 있다. 따라서 일정한 방법으로 기술할 수 있다. 이러한 역량은 행동으로 나타난다. 역량에서 중요한 것은 관찰 가능한 행동이라고 할 수 있다. 면접에서는 지원자의 역량을 파악하기 위해 노력한다.

　이 책은 면접을 의사 소통 이론에 입각하여 설명한다. 면접은 질문과 답으로 이루어진다. 면접관의 질문과 면접자가 답하는 과정은 의사 소통이 이루어지는 과정으로 설명할 수 있다.

　그러므로 의사 소통 이론으로 접근하면 면접에 대한 올바른 이해를 할 수 있다. 면접의 전 과정에 대한 이해와 성공은 면접관, 면접자 모두 의사 소통 능력의 여부에 달려 있다. 이 능력이 회사의 인재가 갖추어야 하는 기본 능력이 된다.

　의사 소통이란 한마디로 말하면 서로 통(通)하는 것이다. 서로 통(通)하기 위해 내가 말한 것을 상대방이 잘 이해하고, 상대방이 말한 것을 내가 잘 이해해야 한다. 그리고 나의 의사와 감정을 올바르고 적절하게 표현해야 한다.

　우리는 다양한 형태로 의사 소통을 한다. 강연이나 연설로 혹은 대화나 수다 등으로 혹은 컴퓨터, 신문, 전화 등의 매체를 활용하여 우리는 의견이나 정보를 교환한다. 의사 소통의 관점에서 보면 우리가 이 책에서 기술하려는 인터뷰는 다음과 같은 특성으로 기술할 수 있다.

- 일정한 목적으로 만나
- 질문과 답으로 이루어지며
- 질문하는 사람과 대답하는 사람이 정해져 있다.

- 한 사람이 많은 사람을 앞에 놓고 하는 연설이나
- 일정한 주제 없이 자유롭게 말하는 대화 등과 구별된다.

이러한 인터뷰는 취업, 상담, 정보 수집 등 다양한 목적으로 활용한다. 그리고 목적에 따라 인터뷰를 하는 사람과 받는 사람의 관계, 주도 여부, 동기 등이 다르게 설정된다. 즉 취업을 목적으로 하는 인터뷰는 인터뷰어와 그것을 받는 사람(interviewee)의 동기(motivation)가 모두 높고, 인터뷰어가 면접을 주도한다.

이에 반해 정보 수집을 목적으로 하는 전화 인터뷰 등에서는 인터뷰어의 동기가 그것을 받는 사람보다 훨씬 높다는 점에서 구별된다. 여러분들도 그런 류의 전화를 받으면 쉽게 응하려고 하지 않을 것이다. 이것은 인터뷰어의 동기에 비해 인터뷔(interviewee)인 여러분의 동기가 더 낮기 때문이다.

취업이나 입학을 목적으로 하는 인터뷰를 우리는 면접이라고 한다. 면접은 '면접관', '면접자', 그리고 '그들 간의 상호 의사 소통'으로 구성된다. 이러한 상호 의사 소통은 면접관과 면접자가 만나서, 질문과 답을 하며, 서로의 목적을 이루는 것을 뜻한다.

그런데 면접에 대한 관심은 주로 면접자에 초점을 두는 것 같다. 시중에 나온 대부분의 책이 면접자 중심이라는 것은 이를 잘 나타낸다. 면접관이 면접을 진행하는 방법, 질문하는 방법, 질문 내용 및 평가 등에 대해서는 크게 관심을 기울이지 않고 있다.

그러나 면접을 이끌어 가는 사람이 면접관이라는 점에서 면접관의 역할과 면접관의 훈련 방법에 대한 논의가 없다는 것은 면접이라는 것이 일정한 가이드 라인 내에서 이루어지지 않음을 뜻한다. 이로 인해 면접자들은 무엇을, 어떻게 준비해야 하는지 그리고 어떻게 평가 받는지 모른다.

면접의 중요성은 시간이 흐를수록 강조되고 있다. 그 이유는 서류만으로는 파악할 수 없는 지원자들의 역량—창의성, 리더십 그리고 의사 소통 능력 등—을 파악할 필요성이 높아지기 때문이다. 사람들은 대학 입학, 대학원 입학, 취업 등에서 면접을 보아야 하며, 장수 시대를 맞이하여 우리들은 적어도 3개 내지 4개의 직업을 가진다는 점에서 면접의 필요성은 더욱 커진다.

이런 필요성에도 불구하고 면접을 관상이나 태도 혹은 오랜 경험에서 생긴 감(感)에 의존한다는 것은 너무 무리가 아닐까? 감(感)이라는 것은 논리적으로 설명할 수 없는 것이다. 그러므로 떨어진 이유를 궁금해 하는 면접자의 물음에 근거를 대어 가며 설명할 수 없다.

면접에 대한 정의는 각기 다른 입장에서 내릴 수 있다. 예를 들면 '면접이란 맞선'이라고 정의한다면 이는 '서로 만나', '서로를 알아가는 것'이라는 의미가 많다. 그러나 이러한 정의에서는 면접의 특성인 '면접관' 주도 능력이 나타나지 않는다.

'면접이란 자기 PR' 이란 정의는 '자기를 알리는 것' 이라는 점에 중점을 둔 정의이다. 그러나 목적에 맞게 알려야 하며, 면접이란 자기라는 개인에 초점을 둔 말하기가 아니라, 면접관과 면접자가 서로 의사 소통을 해야 한다는 면이 나타나지 않는다.

이러한 정의는 면접의 각론을 설명하기는 쉽지만, 일정한 구조 내에서 체계적으로 설명하기는 어렵다. 왜냐하면 면접에 대한 부분적인 정의이기 때문이다.

그러므로 면접의 전반적인 특성을 나타내는 정의가 필요하다. 즉 정의에서부터 면접의 방법, 면접의 구조, 평가 방법 등을 일관되게 설명할 수 있는 것이어야 한다.

이 책에서는 '면접이란 면접관이 면접자의 역량을 알아내기 위한 말하기' 로 정의한다. 이 정의에 따라 이들 세 요소에 대해 살펴보기로 한다.

먼저 면접자의 측면이다. 면접자는 면접에서 자신이 가진 역량을 보이기 위해 최선을 다해야 한다. 면접관의 질문의 의도는 모두 회사에서 필요로 하는 인재를 뽑기 위한 것이라고 해석하고, 이에 중점을 두어 답변해야 한다. 면접자들을 위한 지침서들에서 면접에 임하는 자세나 태도, 답변 등에 대한 많이 제시하고 있다. 그러나 이들 중 가장 기본적인 것은 의사 소통 능력이므로 이를 훈련하고 연습해야 한다.

다음으로 면접관의 측면이다. 인재 채용이라는 단어가 암시하듯이 인재를 채용하는 것은 전적으로 회사 측이다. 여기에서 중심적인 역할을 하는 것이 면접관이다. 면접을 하기 위해서 뽑으려는 인재상에 대한 구축이 필요하다. 그리고 이러한 인재를 뽑기 위한 질문 내용이나 방법이 마련되어야 한다. 이렇게 구조화된 면접을 통하여 인재를 선발할 수 있다.

이 과정에서 면접관은 질문의 생성, 면접자의 답에 대한 이해 및 면접 과정에서 면접자의 역량을 유도하기 위한 여러 가지 기술을 필요로 한다. 이를 위해 면접관 역할과 훈련 방법 등에 논의가 필요하다.

연구에 따르면 면접 본 사람들 중 70% 이상이 '면접관들의 준비 부족', '엉성한 질문 내용', '무시하는 듯한 태도' 등을 제시하면서 면접관의 태도나 질문 내용에 대해 만족하지 못하고 있다. 이 현실은 면접이 면접답게 이루어려면 면접관의 훈련이 필요하다는 것을 말해 준다.

마지막으로 '면접관과 면접자의 상호 의사 소통'의 측면이다. 면접이란 면접관과 면접자의 상호 의사 소통을 전제로 한다. 면접을 통해서 머리 좋은 인재 혹은 학벌 좋은 사람, 면접관의 질문에 정답을 말하는 사람을 뽑으려는 것이 아니다. 면접의 목적은 회사에 꼭 필요한 '인재'를 선발하는 것이다. 이러한 면접자의 역량을 판별할 수 있기 위해 면접관과 면접자는 서로 의사 소통을 해야 한다.

이를 위해서는 언어와 비언어적인 의사 소통 방법에 대한 이해, 표현과 이해 과정에 대해 알아야만 한다. 또한 상호 의사 소통한다는 것은 면접관과 면접자가 동등한 관계 속에서 면접이 이루어진다는 것을 뜻하므로 이러한 것에 대해 훈련해야 한다.

면접은 입학이나 취업에서만 필요한 것은 아니다. 면접은 우리 생활과 아주 밀접한, 그리고 자주 일어나는 말하기이다.

예를 들면 가게를 운영하는 자영업자의 경우, 아이의 학원 선생님 선

택, 도우미 아주머니의 선택, 아르바이트 생을 뽑기 위하여 혹은 KT·
SK·LG 등의 전화국 선택을 위하여 면접관의 역할을 감당하고 있다. 그
리고 이러한 면접의 성공 여부는 삶의 편리성과 효율성 그리 경제성과도
관련된다.

학원 선생님의 선택을 잘하면 아이의 인격과 성적이 향상될 것이며,
일주일에 한번 오시는 도우미 아주머니에 대한 훌륭한 선택은 집안의 일
을 편하게 한다. 가게 일을 도와주는 아르바이트 생을 잘 뽑으면 매상이
오를 것이고, 전화국 선택을 잘만 하면 얼마의 돈을 절약할 수 있다.

그러나 반대로 면접자의 역할도 한다. 새로운 가게를 구하기 위하여 부
동산 중개인을 만나기도 하고, 투잡을 위해 다른 가게 주인을 만나기도
한다. 이런 경우 정보를 제공하는 면접자가 된다. 그러므로, 면접은 우리
의 전 생활에서 이루어진다. 오늘의 면접관이 내일의 면접자도 된다.

대개의 직업에서 항상 누군가를 면접하고 있다. 변호사는 의뢰인과,
의사는 환자와, 교사는 학생과, 경찰은 피의자 등과 면접 즉 인터뷰를 주
로 하는 직업이다.

경찰이 심문과 면접(인터뷰)을 구별하면서 피의자에게 접근해야 한다
는 점에서 경찰 후보생에게는 반드시 면접관의 기법이 필요하다. 의사는
환자와의 대화를 통해 환자의 증세를 이끌어 내야하므로 의대생들은 면
접관의 기법을 알고 있어야 한다. 변호사, 검사, 판사 등은 모두 면접을
통해 의뢰인·피의자 등에게 정보를 얻기 때문에 법대생들의 면접관의
기법에 대한 이해는 필요하다. 이처럼 면접은 우리가 누리는 삶의 질과
도 밀접한 관련이 있다.

그러나 실제로 우리는 그렇게 훌륭하고 만족스럽게 면접관이나 면접
자의 역할을 하고 있지 못하다.

김과장이 면접관이 되었다고 하면 '어이구 내가 장승보고 말하지' 하며 한탄을 하는 아내는 무슨 생각을 할까?(물론 김과장님 집에 와서 그런 이야기도 하지 않고 소파에 누워 채널권만 쥐고 계시겠지만)

아들과 대화하고 싶어 "홍재야 나와 대화하자" 그러고는 대놓고 화만 내는 박차장님이 면접관이 되었다면 아들인 홍재는 무슨 생각을 할까? (물론 박차장님 아들이 축구하자고 하면 갑자기 허리가 아프실 것이다)

면접관이 되는 순간 김과장님과 박차장님은 마법처럼 말을 잘 할 수 있을까?

—아니다

회사에서 뽑으려는 인재를 한 눈에 척 뽑을 수 있을까?

—그 감(感)이라는 게 수시로 바뀌어서, 첫인상으로 판단하여 애꿎은 면접자들 성형외과로, 백화점으로, 피부과로 가게 한다.

인사팀 박전무님께서 '김과장과 박차장이 가장 높은 점수를 준 지원자를 채용을 하지' 그러신다면 그 결과는 무엇일까?

—인재(人材)가 인재(人災)가 되고, 수많은 면접자들의 불평과 불만으로 인해 회사 게시판은 도배될 것이다. 트위터도 바쁘게 움직일 것이다.

이제 의사 소통 이론으로 면접의 특성을 설명해 보자. 이는 앞으로 이 책을 기술하는 기본 전제가 될 것이다.

첫째, 면접은 의사 소통의 기반 위에 설명할 수 있는 인터뷰의 한 유형이다.

면접은 여러 분야에서 논의가 가능한 주제이다. 그러나 이론과 실제를 아우를 수 있으려면 앞에서 언급한 의사 소통 이론에서 접근하는 것이 필요하다.

왜냐하면 면접을 하기 위해 가장 필요한 것은 의사 소통(Communication)에 대한 기술, 즉 말을 올바로, 적정하게 잘 해야 하기 때문이다. 또한 이러한 의사 소통 기술에 인터뷰 기술이나 및 회사의 특수한 사정을 처리하는 기술을 필요로 한다. 인터뷰 기술이란 질문을 하는 방법, 원하는 대답을 이끌어 내는 방법 등을 뜻한다.

이처럼 면접이란 '의사 소통 기술＋인터뷰 기술' 이 필요한 전문적인 것이다. 그러므로 면접관은 질문을 이끌어 내는 방법, 면접자가 답을 할 때의 올바른 태도 그리고 다음 질문으로 넘어가는 방법 및 평가까지 해야 하는 전문가이어야 한다.

면접은 질문과 답으로 이루어진다는 점에서 면접관은 질문만 하면 된다고 생각하기 쉽다. 그러나 면접관은 질문 내용을 선정하고, 추가 질문을 마련하여 면접을 이끌어야 하며, 이를 위해 면접자의 말을 경청을 해야 하며, 면접자의 말을 요약하면서 다음 말(질문)을 진행해야 한다. 이런 것은 면접자와 상호 작용을 통해 가능하다.

면접 과정에서 면접관이 면접자의 감정에 반응할 것인지 아니면 면접의 생각에 관심을 둘 것인가를 결정해야 한다. 면접관은 감정, 사고 등 필요에 맞게 탄력적으로 운영하는 것이다. 면접관은 중립성을 지켜야 한다. 이것은 면접자들의 내용에 개인적인 반응을 한다든가 혹은 면접자들의 토론에 가담하지 않으며, 면접자들에게 특정한 의견, 가치, 태도 등을 강요하지 않는다는 것을 듯하다.

둘째, 면접의 주인공은 면접자가 아니라 면접관이다.

면접에 대한 일반적 정의를 '면접관이 면접자의 역량을 알아내기 위한 말하기'라고 한다면 면접은 면접관이 주체가 된다. 이 말은 면접관은 면접을 이끌어가며, 면접 내용 및 면접을 평가한다는 뜻으로 면접관이 면접자 위에 군림한다는 의미는 아니다.

면접에서 면접관은 면접자와 동등한 관계이다. 현재 취업 면접에서의 면접관은 전문적인 자리가 아니라 주 업무에서 차출되어 하루 이틀 감당하면 되는 임시직이다. 이처럼 다른 부서에 근무하던 사람을 면접관으로 임명한 후 달랑 몇 개의 질문만을 들고 면접장에 나타나도록 한다.

이렇게 하면 준비된 면접자들을 과학적으로 설득할 수 없으며, 구조적이고, 체계적인 시스템이 아닌 즉흥적인 일상의 대화로 면접을 격하시키는 결과를 초래할 뿐이다.

그 결과는 회사에 대한 불만이나 불신으로 이어진다. 눈치 빠른 일부 회사에서 면접을 인재 채용 이상의 회사 마케팅과도 관련짓는 이유가 여기에 있다.

사실 면접의 최종의 목적은 면접자의 행동, 태도, 경험, 지식, 의견 등을 평가하는 것이다. 그러나 평가를 위한 질문 내용이나 방법에서 일정한 기준이 설정되지 않을 때 즉 구조화 되지 않으면 그 평가나 판단은 객관성을 잃게 된다.

　면접자들은 취업 면접에 관한 책, 정보, 카페 등을 통해 조직적으로 면접에 대비하고 있다. 이들은 예상 문제를 만들어 연습을 하고 있다. 이처럼 숙달된 면접자에 비해 면접관은 그리 숙달된 형편이 아니라는 점에서 면접의 어려움은 시작된다.

　면접관이 면접을 주도하기 위해서는 계획적이어야 한다. '무엇을, 어떻게, 물어볼 것이며 그 답을 어떻게 평가할 것인가' 를 미리 구조화하고 있어야 한다.

　신문 보도에 의하면 올해(2010) 기업의 채용 면접에서 가장 많이 나올 것으로 예상되는 질문으로 '도요타의 대규모 리콜 사태', '천안함 침몰', '스마트폰 인기 돌풍', '트위터', '마이크로 블로그' 등을 꼽고 있다.

　면접자들은 이러한 예상 질문에 대해 다각도로 답을 준비할 것이다. 그러나 이러한 질문에 대한 답을 어떻게 평가할 것인가 하는 것은 회사 측에서 준비해야 할 것이다. 무슨 질문을 왜, 어떻게 할 것이며, 그것을 어떻게 평가할 것인가가 엄밀하게 구조화될 때 회사에서 필요로 하는 인재를 올바로 뽑을 수 있다.

　면접의 이러한 특성을 감안할 때 '면접관을 위한 면접 가이드 북' 은 반드시 필요하다고 여겨진다.

1장

면접의 개념

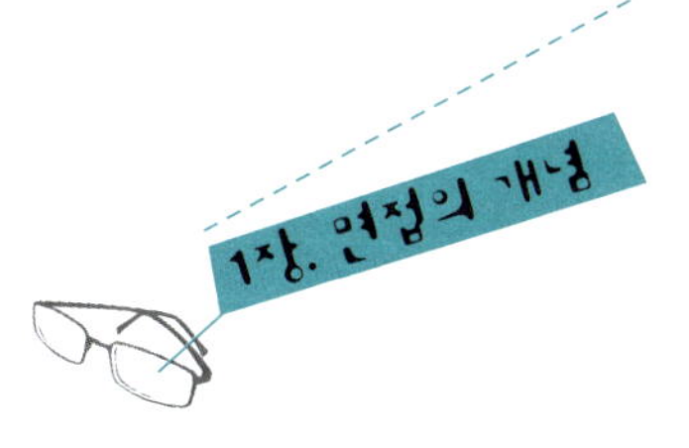

　　　　　　　이 장에서는 면접의 개념에 대해 살펴보려고 한다. 면접이란 두 사람이 일정한 목적을 가지고 만나 주로 질문과 답으로 이루어지는 인터뷰의 한 유형으로써 강연이나 연설과 구별되는 의사 소통의 한 유형이다.

　그러므로 면접의 특성을 먼저 의사 소통의 특징에 대해 알아본 후, 인터뷰의 특성에 대해 살펴보면서 기술하기로 한다. 그리고 면접의 개념 정리를 하기로 한다.

의사 소통

　　의사 소통이란 내 생각을 표현하고 남의 생각을 이해하는 것을 뜻한다. 이를 흔히 커뮤니케이션(communication)이라 한다. 이러한 의사 소통 과정은 표현과 이해 과정으로 설명할 수 있다. 의사 소통은 언어(말과 글)와 언어에 수반되는 여러 비언어적 요소들로 이루어진다. 이에 대해 살펴보기로 한다.

의사 소통(communication)이란

　　공통 또는 공유를 뜻하는 라틴어 '커뮤니스(communis)'에서 유래한 말로 발신자와 수신자가 공유한 기호를 통하여 서로 정보나 메시지를 전달하고 수신하여 공통된 의미를 수립하는 것이다. 이를 통해 서로의 행동에 영향을 미치게 된다. 즉 언어적 혹은 비언어적 요소로 서로 정보를 주고받으면서 공통된 주제를 이루어나가는 것이다. 이를 위해 나의 생각을 '표현하고' 상대방의 생각을 '이해하는' 것이다.

　　아가가 '엄마' 하고 부르는 것을 표현이라고 한다. 그러면 엄마가 '안아주는 것'을 이해라고 한다. 아가는 안아달라는 것을 '엄마' 라고 부호화 하였으며, 엄마는 이것을 안아주는 것으로 해석하였다.

　　이 과정에서 아가는 '엄마' 라는 부호화(encoding)를 통해 자기의 의견을 전달하는 '발신자(發信者)' 가 되었다. 그리고 엄마는 아가의 부호화를 해석해 내는 '수신자(受信者)' 가 되었다.

엄마는 아가의 '엄마' 라는 부호를 '안아 주는 것' 으로 부호를 푸는 해석(decoding)을 하였다.

그러므로 의사 소통이란 발신자, 수신자가 있고 발신자는 자기가 나타내려는 뜻을 언어 혹은 비언어적 요소로 부호화하고 수신자가 발신자의 신호를 해석하는 것이다.

엄마의 '안아주는 것' 에 대해 아가는 웃는 것으로 만족하고 엄마는 아가에게 '쮸쮸 줘' 라고 부호화 하고 아가는 '응' 하면서 발신자와 수신자의 관계를 서로 교환하면서 서로의 의사 소통을 하는 것을 '상호 작용' 이라고 한다. 이러한 용어들에 대해 좀 더 설명하기로 한다.

부호화(encoding)와 해석(decoding)

앞에서 아가의 '엄마' 라는 말을 엄마는 '안아주는 것' 으로 해석하였다. 사람들은 동일한 내용을 참으로 다양하게 표현할 수 있다.

배가 고픈 것을 부호화 방법을 제시하면 아래와 같다.

부호화 방법	
"배고파" "밥을 줘" "밥 먹었어?" "아 배고파" "밥"	언어적 의사 소통
화를 낸다	비언어적 의사 소통

이처럼 생각을 표현하는 것을 부호화라 한다.

이들 중 "배고파", "밥을 줘"처럼 언어로 표현한 것은 언어적 의사 소통(verbal communication), 화를 내는 것은 비언어적 의사 소통(non-verbal communication)이라 한다.

동일한 내용을 서로 다르게 표현하는 것은 자신의 의견을 부호화하는 방법은 개인의 경험이나 성격 등등에 따라 달리 나타나기 때문이다.

듣는 사람의 입장에서는 이를 해석화하는 과정이 필요하다. 즉 배고프다는 것을 "밥 먹었어?"로 부호화 하였는데 사람에 따라 반응이 다 다르다.

<table>
<tr><td colspan="2" align="center">"밥먹었어?"부호화의 해석에 따른 부호화</td></tr>
<tr><td>

"배고프구나."

"응, 먹었어."

"밥 줄까?"

"왜 물어?"

</td></tr>
</table>

위에 제시한 것은 '밥 먹었어?'라는 표현에 대한 해석을 언어로 표현한 것이다. 해석(decoding)이란 부호를 푸는 것인데 이것 역시 수신자의 경험에 따라 다르다.

우리는 생각한 그대로 표현하지 않는다. "내일 영화 갈래요?"라는 제의를 거절하고 싶을 때,

"싫어요"

"글쎄 내일 제사가 있어서…"

"저 요즘 영화관 가면 머리가 아파서"

등으로 다양하게 부호화한다. 그리고 이러한 부호를 '거질' 로 해석해내야 한다. 따라서 이러한 부호화와 해석 과정에는 듣는 사람 즉 수신자나 상황을 고려한다.

엄마가 아가의 '엄마' 라는 부호를 쉽게 이해하는 것은 아가의 생활을 이해하고 함께 생활하기 때문이다.

이러한 부호화와 해석 과정이 올바로 이루어지지 않을 경우 "나는 개랑 도저히 의사 소통을 할 수 없어", "우리는 말이 안 통해" 이렇게 표현한다.

우리의 일상 생활을 올바로 하기 위해서는 상대방의 의도한 바를 올바르게 이해하고 또한 내가 표현하려는 의도를 올바르게 표현하는 능력이 요구된다. 그러나 이게 쉽지 않다. 그것은 서로의 경험과 삶이 다르기 때문이다. 남녀의 대화가 어렵고, 할아버지와 손자의 대화가 어려운 것은 이 때문이다.

이러한 부호화와 해석의 과정을 면접에 적용하면 성공적인 면접이란 면접관이 말한 것을 올바로 해석해 내고, 그에 맞게 표현해 내는 것이라 할 수 있다.

사실 면접을 볼 때, 면접자보다도 면접관의 의사 소통 능력이 더

욱 중요하다. 면접관들은 면접자들의 언어적, 비언어적 표현에 대한
부호화와 해석에 대한 고도의 능력을 가지고 있어야 한다.

B의 대답은 분명히 우습다. 웃고 난 후 ‘맞다’ 라고 생각하면 신선
하다. B의 답은 절대로 틀린 것은 아니다. 그러나 이것이 질문한 사
람의 의도에 맞는 것은 아니다.

면접자의 모든 답변은 사실 틀린 말이 없다. 그러므로 어떤 관점
에서, 어떻게 평가해야 하는가 하는 기준이 분명하게 서야 한다. 그
기준 설정을 위해 면접을 항상 면접의 목적을 인식하고 면접자의 답
변을 평가해야 한다.

그러나

어떤 면접 경험자는 자신이 ‘면접’ 을 보러간 것인지, ‘면박’ 을 당
하러 간 것인지 모르겠다는 하소연한 적이 있다. 면접관에게 들은 질
문은 대강 이랬다.

　나름대로 회사가 요구하는 '스펙'을 갖췄고 '족보'도 꿰고 있다고 생각한 면접자는 쏟아지는 융단 폭격에 결국 울먹이며 면접장을 빠져나왔다고 힌다.

　여기에서 면접관은 무엇을 한 것일까? 그는 자기가 나타내려는 의도를 수신자인 면접자의 상태를 고려하여 면접의 목적에 맞게 부호화하지 않았다. 단지 자기가 말하고 싶은 내용을 전달하여 상호 의사 소통이 이루어지지 않은 것이다. 부호화와 해석화의 과정을 올바르게 이해하지 못했기 때문에 단지 면접관의 생각이나 감정을 전달하는 것에 그친 것이다.

　즉 그는 면접의 목적에 맞게, 회사에서 요구하는 인재의 역량을 갖추었는가를 알아내기 위해 무엇인가를 부호화하지 않고 단지 면접자를 비난한 것이다.

　비난은 상호 의사 소통의 결과가 아니다. 면접에서는 면접관과 면접자는 상호 의사 소통을 해야 한다. 이는 어떤 경우든 면접관은 면접자로부터 역량을 파악하기 위해 질문을 해야 한다는 것을 뜻한다.

　면접관이 보기에 아무리 하찮은 면접자라도 적어도 면접의 현장에서는 입사 후 무엇을 할 것이며, 이를 위해 무엇을 준비했으며, 결국 회사를 위해 무엇을 할 것인가를 물어야 한다. 이 과정에서 의외로 대어(大魚)를 건질 수도 있다.

　위에 제시한 예는 잘못된 부호화의 결과이며 이러한 부호화의 오류는 면접을 의사 소통을 기반으로 한다는 사실을 모르기 때문에 나타난 결과이다.

비언어적 의사 소통

의사 소통은 주로 언어적 의사 소통(verbal communication)과 비언어적 의사 소통(nonverbal communication)으로 나눌 수 있다. 비언어적 의사 소통은 주로 말에 동반하는 어조, 속도, 목소리, 억양, 침묵 등으로 이루어진다. 이와 함께 눈빛, 표정, 제스처, 자세, 신체 접촉 거리 등도 비언어적 의사 소통을 이루는 중요한 요소이다.

이들이 나타내는 의미는 상황이나 평소의 습관등에 의해 실현된다. 그러므로 다소 주관적이다. 언어에 의한 의사 소통보다 이들 비언어적 유형에 의한 것은 다소 불확실할 수도 있고, 보다 정직한 표현일 수도 있다. 예를 들어보자.

*** 비언어적 의사 소통의 불확실한 예**

영어 한마디 못하는 분이 미국에 갔다. 점심을 먹으려고 KFC에 갔다. 주문을 하려고 했다. '닭다리 2개'를 어떻게 표현할까 하다가 허벅지를 치면서 손가락 두 개를 들어 '2'를 표시했다. 종업원은 '닭다리 2개'를 주었다.

매일 닭다리만을 먹다가 닭 가슴살이 영양분이 더 많다는 이야기를 듣고 '닭가슴살'을 주문하려고 했다. 표현 방법을 고안하다가 자기 가슴을 치면서 손가락으로 '2'이라고 표시했다. 종업원은 고개를 갸우뚱거렸다. 좀 더 강조하고자 가슴 양쪽을 가리키면서 손가락으로 '2'라고 표시했다. 한참 있다가 종업원은 '우유 2'잔을 가지고 왔다.

이처럼 비언어적 의사 소통은 불확실한 경우도 있지만 오히려 더 정직할 때도 있다. '사랑해'라고 말을 하면서 냉정하게 굳는 표정으로 인물이 니타내는 이중성을 연기하는 드라마를 많이 보았을 것이다. 이런 경우 사람들은 말보다 표정으로 그 발신자의 의미를 해석하려고 한다.

그러므로 성공적인 의사 소통을 위해서는 언어로 표현되는 것 이외에도 비언어적 표현에 대한 정확한 이해가 필요하다.

비언어적 의사 소통에 관여하는 요소

 침묵

"커피 마실래?"

"……

이러한 침묵은 '싫구나' 혹은 '대답을 어떻게 해야 할지 모른다'는 의미를 나타낸다.

공간도 의미를 나타낸다. 옆자리에 나란히 앉은 사람과 서로 마주 보고 있는 사람들은 친함의 정도가 다르다. 드라마에서 다소 친해진 남녀관계를 두 사람 사이의 거리나 의자 위치 등으로 나타내는 것은 이 때문이다.

어조도 의미를 나타낸다. "잘 했어"라는 표현은 어조에 따라 비난, 칭찬으로 해석될 수 있다.

눈맞춤 즉 아이 컨텍(eye contact)도 많은 의미를 나타낸다. 상대방의 눈을 맞추는 것은 관심 있음의 표시가 되기 때문이다.

표정도 의미를 나타낸다. 딱딱하게 굳은 얼굴은 상대가 마음에 들지 않는다는 의미를 나타내기도 한다.

상대방의 말투, 표정, 반응이나 자세 등을 통해 상대방의 의도나 성향을 파악하려고 하는 것은 이들로써 의사 소통을 하기 때문이다. 면접에서 이러한 비언어적 의사 소통의 중요성을 강조하는 것도 바로 이 때문이다. 면접관은 언어적 표현도 유의해야 하지만 이러한 비언어적 요소들에도 유의해야 한다.

예를 들어 보자. 대부분의 면접자들은 면접관들에게 '말투가 친절하고 상냥했으면', '내 순서엔 딴 짓하지 않고 경청해 줬으면', '무표정 말고 미소 지어줬으면', '답변할 땐 고개를 끄덕여 줬으면', '눈을 자주 마주쳐 줬으면' 하고 기대하고 있다.

이것은 상냥한 말투, 경청의 자세, 미소, 고개 끄덕임, 눈의 자주 마주침 등이 그들에게 격려 혹은 인정의 의미를 전달하기 때문이다.
실제로 면접자들이 '면접관이 귀찮은 표정으로', '면접을 빨리 끝내고', '이력서 검토 후 혀를 차거나 고개를 흔들고', '볼펜으로 이력서에 뭐라고 적거나 줄을 긋는' 비언어적 유형에 몹시 기분이 상하

는 것은 바로 이러한 비언어적 의사 소통을 '거절'로 이해하기 때문
이다.

이처럼 우리의 의사 소통은 언어만이 아니라 비언어적 요소로도
이루어진다. 비언어적 의사 소통은 언어적 표현을 대신하거나 그것
이 나타내지 못하는 의미를 보충하여 나타낸다. 때로는 언어적 표현
을 강조하면서 서로 보완 관계를 유지한다. 그러므로 효율적인 의사
전달을 위해서는 이 두 요소의 적절한 조화와 일치가 필수적이다.

이러한 비언어적 요소에 의한 의사 소통은 감정과 정서를 표현하
는 데 중요한 역할을 한다. 비언어적 의사 소통은 무의식적이면서도
본능적 성격이 강하다. 능숙한 언어 사용자는 자신과 상대가 사용하
는 이러한 것이 일정한 의미를 전달하기 때문에 이들을 잘 활용하는
사람이다.

의사 소통을 하는 방법에는 다양한 유형이 있다. 강연, 연설, 강의, 대화, 수다, 인터뷰 등등이 그것이다. 이들은 저마다 각기 다른 특성을 나타낸다. 이 장에서는 의사 소통 유형 중의 하나인 인터뷰의 특성에 대해 살펴본다. 그리고 이러한 인터뷰 유형의 하나로써 취업 면접의 특성에 대해 알아보기로 한다.

인터뷰란

인터뷰를 하는 사람(interviewer)과 인터뷰를 받는 사람(interviewee), 두 사람이 만나 동등한 관계를 형성하여 정보 얻기, 정보주기, 감정의 표현, 문제 해결, 미래 행위의 설계, 직업 얻기나 선택, 카운슬링 등을 하는 것이다.

이들은 모두 다음과 같은 공통점을 갖는다.

- 두 사람 이상이 일정한 목적을 가지고 만나
- 일정한 질문과 답으로 이루어지며
- 행동, 태도, 경험, 지식, 의견 등을 양적으로 즉 '얼마나 많이' '얼마나 오래' 등으로 평가한다.

이러한 점에서 자유롭게 떠오르는 대로 말을 하는 '대화' 나 '수다' 와 구별되며 한 사람이 일방적으로 말을 하는 '연설' 이나 '강연' 과는 구별된다. 그러므로 이들을 제대로 이해하기 위해서는 모두 의사 소통 기술의 기초 위에 분위기를 유도하는 방법, 질문 방법, 대답을 평가하는 방법, 질문을 이어가는 방법, 공감 표현 등과 같은 인터뷰 기술이 필요하다.

이들 중 가장 중요한 기술은 '질문의 생성' 과 '답의 해석 방법' 에 있다. 이것은 앞에서 언급한 의사 소통의 부호(encoding)와 해석(decoding)이 좀 특수한 상황에서 나타나는 것이라고 할 수 있다.

이런 의미에서 인터뷰란 인터뷰어(interviewer)가 시작하여 인터뷔(interviewee)의 반응을 고르는 과정이라고 할 수 있다. 인터뷰어가 인터뷔의 감정에 반응한다면 감정적 영역에 머무른다. 생각에 머무르면 인터뷰는 인지 영역에 다다른다.

능력 있는 인터뷰어는

자신의 의도를 상황을 고려하여 적절하게 표현할 줄 알아야 하며,
상황에 따라 상대방의 의견을 올바르게 해석할 수 있어야 하며,
비언어적인 의사 소통에 대한 이해 능력이 있어야 하고,
대답을 이끌어 가기 위해서는 공감 능력이 있어야 한다.

인터뷰어의 유형

인터뷰의 유형에 따라 인터뷰를 하는 사람 즉 interviewer는 서로

다르게 불린다. 인터뷰 유형 다양한 유형 예를 들면 '기자와 연예인의 인터뷰', '의사와 환자의 면담', '경찰과 피의자의 인터뷰', '정신과 의사와 환자 카운슬링', '입학을 위한 학생과 입학 사정관의 면접', '면접위원들과 취업 희망자들 간의 면접' 등이 있다.

이들 유형에 따라 취업 면접에서의 '면접관', 카운슬링에서의 '카운슬러' 혹은 '상담자' '내담자' 소비자 보호 상담실의 '상담원', 경찰과 피의자와의 인터뷰에서의 '경찰', 의사와 환자와의 인터뷰에서의 '의사' 등이 모두 인터뷰어가 된다. 이들 중 고도의 전문적이고 세분화된 기술을 필요로 하는 인터뷰어도 있고 단순한 말만 하는 인터뷰어도 있다.

인터뷰는 계획성 여부에 따라 분류할 수도 있다. 비계획적으로 인터뷰를 시작했으나 그 과정에서 결과적으로는 아주 계획적으로 된 것도 있고, 계획적으로 인터뷰를 시작했으나 그 과정에서 결과적으로는 아주 비계획적으로 된 것도 있다.

앞에서도 언급했듯이 인터뷰란 interviewee와 interviewer 두 사람이 만나는 것인데 인터뷰에는 몇 가지 조건이 따른다.

첫째, 인터뷰는 평가나 진단의 과정을 통해 미래 행동을 예측하는 것이다. 취업 인터뷰 즉 면접의 경우 이러한 특성이 가장 강하다. 이를 위해 면접자와 면접관 두 사람이 만나 행동, 태도, 경험, 지식, 의견 등을 질적으로 평가하는 것이다. 그러므로 '얼마나 많이', '얼마나 적게', '오래 동안' 등으로 질문하고 이에 대해 답을 하면서 면접자(interviewee)의 미래 행동을 예측한다.

둘째, 인터뷰어의 중립성이 필요하다. 인터뷰에서 인터뷰어는 인터뷰를 진행하면서 중립성을 유지해야 한다. 인터뷰어의 중립성이란 토론의 한편에 기담하지 않는 것, 인터뷰의 의견에 동조 혹은 부정하지 않는 것을 뜻한다. 그리고 인터뷰를 받는 사람(interviewee)의 의견, 가치, 태도, 그가 나타내는 여러 신호들(telegraphing, cueing)에 의해 인터뷰 내용이 좌지우지 되지 않는 것을 말한다. 중립성을 잃으면 인터뷰어의 편견이 인터뷰의 내용을 구성하여 인터뷰의 목적을 망칠 수 있다. 이를 위해 인터뷰 당사자들 간의 문화적, 윤리적, 언어 차이를 인식하고 이들에서 나타나는 편견을 극복해야 한다.

셋째, 인터뷰어는 타당성과 신뢰도를 유지하기 위해 노력해야 한다. 인터뷰어 자신이 관찰하고, 수용하고, 측정한 것이 interviewee의 참 모습이어야 한다(타당성). 그리고 동일 대상에 대한 서로 다른 인터뷰어의 결과가 같아야 한다(신뢰성). 이를 위해 인터뷰를 받는 사람의 응답이 특정 요소에 의해 조종당하지 않도록 해야 한다. 이런 기술이 인터뷰어에게 필요하다. 인터뷰를 받는 사람은 인터뷰어의 태도를 보면서 거짓말, 의도된 기만 행위, 사실의 왜곡 등을 하므로 이를 방지하는 인터뷰 기술을 개발해야 한다.

이러한 인터뷰 특성은 인터뷰의 유형에 따라 보다 전문화되거나 특수성을 띠면서 구별된다. 예를 들면 경찰과 피의자의 인터뷰의 경우 이것이 심문이 아닌 인터뷰가 되려면 일방적 관계에 의한 심문보다 상호 관계가 보다 밀접하게 이루어져야 한다. 그들에게서 필요한 정보를 내기 위한 심리학적인 근거를 더 많이 가지고 있어야 한다.

카운슬링는 interviewer인 카운슬러가 보다 세밀하고 전문화된 인터뷰 기술을 필요로 한다,

그리고 인터뷰는 그 종류에 따라 interviewee와 interviewer의 관계가 다르게 설정된다. 예를 들면 취업 면접의 경우는 interviewee 중심의 interview라고 할 수 있는 반면 정보나 평가를 얻기 위한 인터뷰는 interviewer에게 초점이 맞추어져 있다.

인터뷰는 동기 유발에 따라 구별되기도 한다. 쇼핑 센터 직원이나 토지 구매를 권하는 직원과의 인터뷰는 interviewer의 동기나 필요는 높으나 interviewee인 응답자는 낮다. 이와 반대로 면접 인터뷰의 경우에는 interviewee의 동기가 아주 높다. 필요에 기초한 공통적인 동기 유발이 없다면 인터뷰는 성공적이지 않다.

인터뷰는 보다 과학적, 체계적으로 연구되고 이에 따라 훈련되어야 한다. 그동안 인터뷰는 일정한 이론에 의한 조사, 훈련, 평가, 개발되기보다는 인터뷰어의 타고난 능력에 의존하는 면이 많았다. 그러나 인터뷰는 일정한 이론 위에 기술될 수 있는 과학적 측면이 있다. 그것은 의사 소통 이론으로 설명하는 것이다.

물론 인터뷰 과정을 계획하고 결론을 이끌어 내는 과정은 인터뷰를 하는 사람의 소양이나 재질에 따라 나타나기도 한다. 그러나 전문적인 인터뷰일수록 체계적으로 설명되어야 한다. 인터뷰의 하위 유형인 취업 면접이 이에 해당한다.

취업 면접의 특성

지금까지 의사 소통의 한 유형으로써 인터뷰의 특성에 대해 살펴보았다. 우리가 흔히 말하는 '면접'은 'job interview'를 지칭한다. 앞에서 설명한 의사 소통 이론과 인터뷰의 특성에 맞게 취업 면접의 특성을 제시하기로 한다.

* 취업 면접은(이하 면접이라고 한다) 누군가를 떨어뜨리려고 하는 것에 목적이 있는 것이 아니라, 능력 있는 사람을 뽑으려고 하는 것이 목적이다.

이를 위해

면접관은 '면접자가 무언가에 대하여 아는 것'에 기초하여 면접자가 '무엇인가를 하는 것' 즉 능력을 인지할 수 있어야 한다. 그리고 면접자는 면접관에게 자기가 아는 것으로 그 능력이 있음을 나타내는 것이다.

다시 말해 면접관은 면접을 통해 면접자의 능력, 기질, 성품 등을 알아내고, 그것을 통해 앞으로 회사에서 맡아야 할 일과 관련지어야 한다.

면접을 하는 이유는 서류에서 알 수 없는 면접만을 통해 확인하고자 하는 것이 있기 때문이다. 그것은 다른 사람과의 친화력, 삶을 바라보는 자세, 사상, 인생관, 성격이나 성품, 취직 동기, 의욕, 협동성, 지도성, 리더십, 잠재적인 능력과 의욕, 언어 능력, 두뇌의 회전력, 환경 변화에 대응해 나갈 수 있는 능력 등일 것이다.

그러나 면접관이 '지방대 나온 부분을 자꾸 강조' 하거나, '구직 기간이 왜 이렇게 길었느냐' 혹은 특정 용어에 대해 정답을 요구한다면 이와 같은 것을 이끌어 낼 수 있는 없다. 이런 질문 방법은 면접의 본질에 어긋나는 것이기 때문이다.

그러므로 면접관은 면접자가 회사에 와서 그 일을 잘 할 수 있을 것인가의 여부에 중점을 두고 질문을 해야 한다. 면접자들이 자신들의 업무 역량보다 학벌, 토익 등 스펙을 다그쳐서 묻는 면접관들에 대해 불쾌감을 느끼는 이유가 바로 여기에 있다. 그것 자체만으로는 나타낼 수 없는 자신들의 역량을 면접을 통해 알리고 싶은 것이다.

면접관은 면접을 이끌어 간다. 면접에서의 질문 내용이나 면접 과정을 조절한다. 면접자들은 '질문은 한번 안 하는 무관심한 면접관'에 대해 분통을 터뜨리는데 이것은 면접관이 자기 역할을 하지 않기 때문이다. 면접관과 면접자 두 사람이 상호 의사 소통해야 한다.

그러나 때로 면접을 마친 면접자들의 '심문을 당한 기분이었다'는 고백에서도 알 수 있듯이 동등한 관계에서 상호의사 소통을 이루어가는 것 같지는 않다.

'면접'과 '심문'은 질문과 답의 형태로 구성되며 한사람에 의해 질문이 주도된다는 공통점을 지니고 있다.

그러나 심문의 경우 인터뷰어가 질문의 주도력을 완벽하게 쥐고, 상대방에게 강압적으로 답을 요구하며, 상호간 이익을 추구하는 것이 아니며, 그 분위기가 긴장, 강제, 강압적이라는 특성으로 갖는다.

이에 반해 면접에서는 심문과 달리 질문 방법을 정보의 교환, 상호간의 이익 추구를 하는 형태로 그리고 다양한 질문의 형태를 취한다. 그리고 상대방을 알아내는 혹은 상대방의 능력을 알아가는 과정으로 여기므로 심문의 강압적 태도와 구별된다. 물론 면접도 압박 분위기를 취하기도 하지만 보다 긴장 완화, 상호 신뢰의 분위기를 마련해야 한다.

그러므로 면접관은 면접자의 능력을 알아내기 위해 상호 의사 소통 해야 한다. 동등한 관계가 형성되지 않으면 면접이 올바로 이루어지기 어렵다. 예를 들면 두 사람 중 하나가 침묵하거나, 비협조적이거나, 부적절하거나 올바르지 않은 정보를 가지고 있다면 상대방은 거부감을 갖는다.

많은 지원자들은 면접을 할 때 '반말 등 무시하는 말투', '결혼 · 애인관계 · 외모' 등 극히 주관적인 질문', '면접장에서 면접관이 피우는 담배', '강압적, 권위적인 질문과 태도', '직무와 무관한 질문', '인신공격적인 질문', '일방적인 면접 진행'에 당황해한다고 한다. 그리고 이러한 면접의 불쾌한 기분 때문에 입사 제의를 받는다고 해도 거절할 의사까지 가진다고 한다. 이러한 것은 바로 동등한 관계에서 상호 의사 소통이 이루어지지 않은 까닭이다.

　　면접에서 면접관은 반드시 중립성을 유지해야 한다. 면접관이 중립성을 잃어버리면 면접자들의 기분을 상하게 한다. 실례를 통해 살펴보기로 한다.

> "캐주얼한 복장으로 오라기에 청바지에 재킷을 입고 갔더니 젊은 여성 면접관께서 대뜸 '나는 청바지 입는 젊은이들이 싫어!' 하시는 거예요."
>
> "키가 몇이예요?"
> "154"
> "작네. 손님이 위에 진열된 거 보여 달라고 하는데 '제가 키가 작아서 손이 안 닿으니까 손님이 직접 꺼내서 보세요'이럴 순 없으니까?"

　　위와 같은 예는 면접관이 중립성을 유지하지 못하고 지나치게 자기의 의견을 나타내어 면접자를 불편하게 한 것이다. 면접은 그냥 일상의 대화가 아니다.

　　면접은 체계적이고 일정한 의사 소통 기술에 의존해서 진행해야 한다. 구조화 되지 못한 면접, 즉 면접관이 사전 준비 없이 즉흥적으로 이루어지는 면접은 그저 잡담으로 전락하기 쉽다.

　　그리하여 면접자의 말솜씨에 끌려 다니기 쉽다. 그러나 기본적인 인간 됨됨이는 현란한 언어구사에 의해 속일 수 있는 것이 아니다. 면접관이 원하는 것은 '그럴 듯하게 꾸민 대답', '능통한 말주변' 자체가 아니다. 그 뒤에 숨겨져 있는 그 사람의 원래 모습을 보고 싶어 한다. 이를 위해서 일정하게 구조화된 체계 속에서 면접이 진행되어야 한다.

면접은 '이것이 바로 정답이다' 하는 것이 없기 때문에 아주 쉬울 수도 있고, 또 아주 어려울 수도 있다. 그러나 면접관은 전문가의 입장에서 애를 써서 면접자의 본 모습을 파악하는 데 집중해야 한다. 이를 위해 면접을 구조화 하여야 하며 목적에 부합하도록 진행해야 한다.

조사결과에 따르면 구직자들이 면접장에서 받는 질문 가운데 가장 스트레스를 받고 부담스러워하는 것은 '부모 직업', '애인이 있는가', '있다면 언제부터 사귀었나', '결혼은 언제 할 건가' 등이라고 한다.

'결혼이나 하지 왜 취직 하려는가' 라는 질문은 성차별적 의미까지 내포되어 있는 아주 위험한 것인데 반복적으로 이러한 질문이 나오는 이유는 무엇일가?

'도대체 잘하는 것이 뭐냐' 라는 질문은 지원자의 능력을 알아보려는 성의가 느껴지지 않을 뿐더러 인격적 공격으로까지 받아들여지는데 면접관들은 왜 이들에 대해 질문을 할까?

그 외 '싫어하는 상사의 유형', '지구가 멸망한다면? 류의 황당한 질문', '지지하는 대선 후보', '주량' 등에 대한 질문은 면접자의 역량을 나타낼 수 있는 질문이 아니다.

이런 질문들은 업무능력과 연관성이 없기 때문에 취업 면접의 특성에 맞는 질문이 아니라고 면접자들조차 느끼고 있는 것을 면접관들은 왜 질문을 할까? 그것은 면접관들이 무엇을 질문을 해야 하는지 모르기 때문이다. 그 결과는 무엇일까?

> 면접관 : (다소 귀찮다는 듯이 사무적으로..성의 없이 물어봄) 아버지 직업이 뭐
> 요?
> 면접자 : 조그마한 중소기업체 운영하고 계십니다.
> 면접관 : (같잖다는 듯이) 그럼 아버지 회사 면접이나 보지 여긴 뭐 하러
> 왔수?
> 면접자 : 지금 아버지 회사 면접 보고 있습니다.
> 면접관 : …….
> 면접자 : 자..조직원들 간에 의견이 일치되지 않을 때 중간 간부로서 어
> 떻게 행동하겠습니까?
> 면접관 : 그… 글쎄요…
> 면접자 : 이 회사 들어오기 전에 다른 곳에 면접 본 곳 있습니까?
> 면접관 : 3군데 정도요..
> 면접자 : 우리 회사를 택한 이유는?
> 면접관 : …….

위 예를 보면 어느 순간부터 면접자가 면접관을 면접을 하는 참으로 우스운 상황이 벌어지고 있다. '믿거나 말거나'에 의하면 이건 실화라고 한다. 그 면접관은 3개월 후 알아서 나갔다는 전설 같은 이야기가 생긴 이유를 분석해 보자.

면접관은 아무 준비 없이 면접에 임한 것이 이 우스운 이야기의 발단이다. 무엇을 물어보아야 할 것인지, 그것을 통해 면접자로부터 무엇을 얻어내야 할 것인지에 대한 아무 생각 없이 면접장에 나타난

것이다.

면접자는 지금은 사장이 된 후 면접 제도를 폐지하고 종업원들 복지증진을 위해 많은 투자를 했고 종업원들의 마음을 읽어낼 줄 아는 유능한 경영자가 되어 있다고 한다.

그러나 사장이 된 면접자는 '면접' 자체가 문제가 아니라는 깃을 생각해야 한다. '구조화되지 않고, 준비되지 않은 면접' 이 문제를 야기한 것이라는 것을 알아야 한다. 그리고 이런 문제 야기의 핵심은 회사 인사팀의 문제임을 알아야 한다.

이것은 중간 간부인 '알아서 나간' 면접관의 문제가 아니라 회사의 인사 체계의 문제라는 것을 인식해야 한다. 그 사장님은 지금 어떻게 인재를 뽑으시는지는 모르겠다. 그러나 절대로 면접자 부친의 직업은 물어보지 않을 것이다. 비싼 대가를 치르고 면접에 적절한 질문 내용을 알아낸 것이다.

 면접관은 면접자의 역량을 끌어내어 평가만 하면 된다.

면접에서는 면접자의 동기(자기의 능력을 보여주려는 것)와 상대방, 즉 면접관의 의지(회사가 원하는 능력 있는 사람을 알아내려는 것)가 팽팽하게 공존하는 것이다.

면접관은 면접자의 능력을 파악하는 것이고 면접자는 면접관이 자기의 능력을 알아채는데 실수하거나 실패하지 않도록 나를 소개하는 것이다.

이 과정에서 면접이란 일정한 정답을 맞추는 구두 시험이 아니며 그것이 단 한 순간의 기술을 필요로 하는 재치나 위기 모면을 하는 기법이 아니라는 것을 알아야 한다.

　질문과 대답에 초점을 맞추면 면접이란 질문과 대답으로 이루어지는 목적이 있는 말하기이며, 자기 소개서에 초점을 두면 목적이 있는 글쓰기가 된다. 이처럼 면접이란 다양한 유형과 방법에 따라 서로 다르게 정의할 수 있다. 그러나 이들의 가장 근본적인 것은 나를 알려주는 것이다.

　면접자는 철저하게 자기를 드러내도록 계획하고, 면접관은 면접자의 이러한 대답을 들으면서, 읽으면서 면접자가 표현한 내용 속의 숨은 뜻을 파악해야 한다. 그리고 이것을 평가해야 한다. 이것이 전부이다.

2장

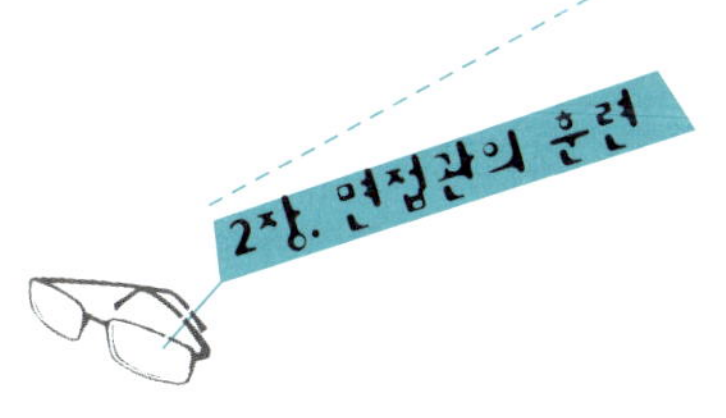

이 장에서는 면접관에게 필요한 준비 과정과 훈련 방법에 대해 살펴보고자 한다. 이를 위해 먼저 면접관의 역할과 갖추어야 할 능력에 대해 알아본다.

앞에서 면접의 특성에 대해 살펴보았다. 면접에는 의사 소통 즉 말하기 기술과 인터뷰 기술이 함께 필요하므로 면접관들은 말을 잘 하고, 비언어적 의사 소통에 대한 이해가 있어야 하며, 면접자들과 상호 의사 소통을 유지하기 위한 방법을 알아야 한다. 그리고 이들을 통해 면접자들의 역량을 파악해야 한다.

이러한 역할을 수행하기 위해서는 반드시 훈련이 필요하다. 그렇지 않을 경우 면접자들에게 출신 학교를 물으면서 그에 관해서만 관심이 있고, 외모를 비하하는 모욕적인 질문을 하거나 강압적이고 무성의한 태도를 보이기 쉽다. 그리고 이러한 면접관은 기업의 이미지를 버려놓을 뿐만 아니라 좋은 인재를 제대로 뽑지 못한다. 이러한 점을 고려할 때 면접관의 훈련은 필요하다.

면접관은 면접위원, 인사 관리 위원 등등 다양하게 불릴 수 있다. '관'이 붙으니까 벼슬하는 사람 같다. 면접을 보는 사람(interviewer)이 지원하는 사람(interviewee)보다 주도적이고, 뭔가 더 힘이 있는 자리에 있다는 의미에서 '관'을 부치는 것 같다.

그러나

이 말은 면접자와 면접관의 관계가 동등하지 않다는 것을 뜻하는 것이 아니다. 질문의 내용과 방법을 정하고 그것을 평가하는 쪽은 전적으로 면접관에 달려 있다는 것을 뜻한다. 다시 말해 인재의 올바른 채용과 선택을 위해, 면접관과 면접자가 만나, 면접관은 면접을 진행하는 역할을 맡는 것이다.

면접관이 할 일에 대해 살펴보자.

가장 먼저 할 일은 인재상을 구축하는 것이다. 이를 위해 회사의 계획, 당면 과제 등을 분석하여 회사에서 뽑으려는 인재 요건을 선정해야 한다.

다음으로는 목표로 하는 인재상을 뽑을 수 있는 질문 내용, 질문 방법, 면접 유형을 선정한다. 그리고 이에 따라 면접을 진행한 후 평가를 해야 한다. 이와 함께 면접 시간의 배분도 해야 한다. 현재 대부분의 회사는 30분 정도로 면접을 하고 그 즉시로 평가를 한다. 물론 일부 회사들은 토론, 프리젠테이션 면접, 술자리 면접, 등산 면접, 요리 면접 등을 개발하고 있기는 하다. 그러나 현재까지는 면접의 중요성과 비중에 비해 시간도 짧고 틀에 박힌 질문으로 면접을 진행하고 있다는 비난을 받는다.이것을 'MS의 면접 방법'과 '질문 내용의 적절성'에 대한 예문을 통해 살펴보자.

다음 주어진 글을 읽어보자. 그리고 무엇을 말하는지 주제를 찾아보고 이를 통해 새로운 생각은 무엇인지 말해보자.

MS의 면접방법

●MS의 전(前) 프로그램 개발자 애덤 데이비드 바는 이렇게 말했다. "MS는 1시간짜리 인터뷰를 네다섯 번 함으로써 사람을 올바르게 판단할 수 있다고 믿고 있습니다." 바는 인터뷰 과정을 미국 프로 풋볼리그의 신인 선수 선발제도에 비유했다. 일부 팀은 대학 풋볼 성적을 기준으로 선수를 선발하고 일부 팀은 대학 선수들을 보다 정확히 테스트할 수 있는 개별 트레이닝을 통해 선수를 선발한다. MS는 개별 트레이닝(인터뷰)을 통해 선수를 선발하는 미국프로풋볼리그 팀이라 할 수 있다.

MS의 인터뷰 목적은 특정 직무능력 보다 일반적인 문제해결 능력을 평가하려는 것이다. MS에서, 그리고 요즘의 많은 기업들에서는 퍼즐을 푸는 추리력이, 급변하는 시장에서 발생하는 실질적인 문제들을 해결하는 사고력과 관련이 있다고 생각한다. 퍼즐을 푸는 사람과 기술적인 혁신을 이루어내는 사람은 모두 잘못된 상황을 바로잡는 데 필요한 요소를 포착해 내는 능력을 갖고 있어야 하기 때문이다.

그리고 문제를 푸는 데 어떤 식의 추리가 필요한지 혹은 문제가 갖고 있는 정확한 한계가 무엇인지는 분명하지 않아도 타당한 결론을 도출해 낼 때까지 분석에 분석을 계속하는 끈기를 갖고 있어야 하기 때문이다.(후지산을 어떻게 옮길까?)

다음 주어진 글을 읽고 브래프먼 형제의 인터뷰에서 알게 된 것에 대해 말해보자.

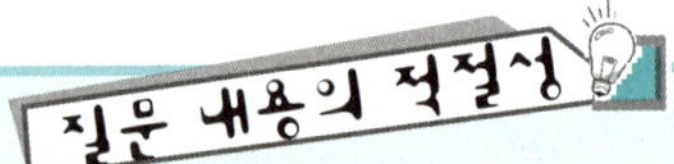

●스웨이〈Sway〉라는 책을 쓴 '롬 브래프먼'과 '오리 브래프먼' 형제의 인터뷰에서 미국 기업들이 직원 채용 면접 때 흔히 사용하는 질문 10가지를 다음과 같이 제시한다.

1. 우리 회사가 왜 당신을 채용해야 하나요.

2. 지금부터 5년 뒤 당신은 무엇을 하고 있을까요.
3. 당신의 가장 큰 강점과 약점이 무엇이라고 생각하나요.
4. 스스로 자신을 어떤 사람이라고 표현 하겠습니다.
5. 학교 다닐 때 가장 좋아했던 과목과 싫어했던 과목은 무엇이었나요.
6. 우리 회사에 대해 무엇을 알고 있습니까.
7. 왜 우리 회사에 지원하기로 했나요.
8. 전 직장을 그만둔 이유는 무엇인가요.
9. 지금부터 5년 후에 얻고 싶은 것이 무엇인가요.
10. 인생에서 정말로 하고 싶은 것이 무엇인가요.

롬 브래프먼은 이중 실제 의미 있는 질문은 하나뿐이라고 했다.

"1·3·4번은 지원자의 자기 평가를 유도하는 질문입니다만, 실제 직무에서 제대로 성과를 낼 수 있을지 파악하는 데에는 별 도움이 안 됩니다. 이런 질문을 하면 준비된 답변이 나올 게 뻔하죠. 예를 들어 자신의 가장 큰 강점과 약점을 묻는 3번 질문에 대해 진짜 약점을 털어놓을 사람이 있을까요? '지나치게 잘하려고 노력하는 게 단점입니다' 라든지 듣기에 그럴싸한 대답을 할 게 뻔합니다.

지원자의 미래를 묻는 2·9·10번이나 과거를 묻는 5·7·8번도 마찬가지예요. '왜 우리 회사에 지원했는가' 를 묻는 7번 질문에 '전 지금 절박해요. 할부 요금 청구서가 집으로 날아오고 있어요' 라고 솔직하게 말할 지원자는 아무도 없습니다. 대신 '여기가 가장 창의적인 기업이기 때문이죠' 와 같은 듣기 좋은 대답을 하겠죠.

그나마 쓸 만한 질문은 6번 '우리 회사에 대해 무엇을 알고 있습니까' 뿐이에요. 지원자가 시간을 투자해 회사에 대해 미리 알아보았는지 확인해 볼 수 있는 질문이죠. 그런 노력을 한 지원자는 그 회사에 입사하기 위한 기본자세는 됐다고 평가할 수 있겠죠."

*** 당신이 면접관이라면 지원자에게 어떤 질문을 던지겠습니까.**

"기업에서 발생할 수 있는 구체적인 상황을 예로 든 다음 '당신이라면 어떻게 하겠느냐', '이 상황에서 가장 먼저 할 일은 무엇이라고 보는가' 하는 식으로 질문하겠습니다. 또 지원자의 인성과 관련된 질문보다는 '어떤 회계 프로그램을 다뤄봤는가', '홍보업무를 해 본 경험은 있는가' 하는 것처럼 직무에 필요한 능력이나 경험에 관련된 질문을 많이 하는 것이 효과적이라고 봅니다."

어떤 대상에 대해 처음 듣거나 갖게 된 의견에 집착해 대상을 규정지으려는 진단 편향의 성향은 기업에서 흔히 벌어지는데 그것은 기업의 신입사원 채용 면접시험이 대표적이라고 한다.

객관적인 사실보다는 자신이 오감으로 인지한 것에 더 이끌리는 성향에 빠져 참된 인재를 뽑지 못할 수도 있다. 지난 2007년 워싱턴포스트가 현존하는 최고 바이올리니스트 중 한 사람인 조슈아 벨로 하여금 지하철역에서 청바지 차림에 야구 모자를 쓰고 바이올린을 연주하게 하는 실험을 했을 때 아무도 못 알아본 것처럼 말이다.

(조선일보 2010. 3. 13.)

주어진 글을 통해 그동안 주먹구구식으로 경험이나 업무처리에서 반짝하고 떠오르는 직관력, 상상력이나 추리력에 의존해 온 면접으로는 인재를 뽑는 것이 무리라는 것을 알 수 있을 것이다.

면접관은 그저 면접장에 나타나서 질문을 던지는 것만으로는 충분하지 않다. 충분하지 않은 것이 아니라 재앙이다.

앞으로 면접이 차지하는 비중을 볼 때, 그리고 면접자의 준비가 더 철저해짐에 따라 준비 없이 면접에 임할 경우 나타나는 폐해는 상상 이상의 것일 것이다. 그러므로 면접관에 대한 훈련(Training)의 필요하다.

직원의 올바른 채용과 선택이 인사 관리의 시작이며, 이것이 회사의 미래 성공의 핵심적 주춧돌이라는 점을 생각하면 면접관의 훈련과 준비는 단순하게 처리할 문제는 아니다.

면접관은 인재상 구축 → 질문 내용 선정의 구체화 및 실제화 → 시간배분 → 면접 진행 → 평가 등을 한다.

이러한 점을 감안할 때 면접관은 다음과 같은 능력을 가진 사람을 우선적으로 선발하는 것이 좋다.

▶ 핵심적 본질을 꿰뚫어 보는 통찰력 있는 사람

▶ 사물을 올바로 보는 판단력이 있는 사람

▶ 절제된 감정 표출을 하는 능력이 있는 사람

▶ 말에 대한 이해도나 표현력과 같은 의사 소통 능력이 뛰어난 사람

▶ 여러 가지 질문에 대한 답, 자기 소개서, 프리젠테이션, 토론 등의 개념 및 작성 방법을 아는 사람

▶ 이들을 객관적으로 평가하는 평가 능력

따라서 면접관은 회사일을 하다가 '운 좋게' 혹은 '운 나쁘게' 차출되는 것이 아니다. 여러 능력을 갖춘 사람이다. 그리고 이러한 여러 능력을 면접 현장에서 활용할 수 있어야 한다.

면접관이 훈련을 받지 못했을 경우

앞에서 면접관이 갖추어야 할 능력에 대해 살펴보았다. 이러한 능력은 선천적으로 갖추어진 것이 아니라 훈련을 통하여 준비할 수 있는 것들이다. 만약 아무런 준비 없이 면접에 임한다면 어떻게 될까? 다음 기사문을 읽어보면서 느낀 점을 말해보자.

● 최근 남녀 면접경험자 270명을 대상으로 설문조사를 실시한 결과, 응답자의 93.3%가 "면접 중 받았던 질문이나 면접관의 태도 때문에 취업 의지가 없어졌던 경험이 있다"고 답했다고 밝혔다.

그 이유로는 '지원자를 무시하는 듯한 질문과 태도'가 가장 높았다. 응답자들은 그 예로 "처음 듣는 회사에서 일하셨네요", "우리 회사에서 일 할 자격이 된다고 생각합니까?", "뭐 해봤어요?"와 같은 질문을 꼽았다. 또 "전공과 다른 직업인데 괜찮겠어?"와 같이 반말이 섞인 질문도 구직자들의 취업의지를 사라지게 하는 것으로 조사됐다.

두 번째로는 부모님의 직업이나 재산, 개인적인 가족사 등을 묻는 '사생활에 대한 질문'이 꼽혔다. ▷능력(스펙)이 부족한 이유를 묻거나 ▷출신학교 인지도가 낮다고 말하거나 ▷이성친구 유무와 결혼 계획에 대해 물어볼 때 ▷낮은 연봉을 제시하면서 다닐 수 있을지 물어볼 때도 취업의지가 꺾인다고 구직자들은 답했다.

이들 기사문을 통해 준비 없이, 훈련 받지 않고 면접장에 나타난 면접관은 면접을 올바로 진행할 수 없다는 것을 알 수 있다. 면접관이 훈련을 받지 못하면 면접에서 다음과 같은 지장을 초래한다.

- ▶ 면접의 질이 낮아진다. 면접관이 훈련을 받지 못하면 질문한 내용에 대해 답하는 중에 또 다른 질문을 하고, 적절하지 않은 연계성 없는 질문 공세를 펴는 등 면접자가 하는 말을 오히려 방해할 수 있다.
- ▶ 일정한 구조나 기술이 없이 면접을 진행하며 성의 없는 질문 공세, 개인 또는 회사 자랑만 늘어놓거나 '연예인의 성대모사 내보세요'와 같은 요구를 하여 면접의 본질을 흐려 필요한 역량을 갖춘 인재를 뽑기 어렵다.
- ▶ 적절한 언어 구사를 할 수 없다.
- ▶ 과도한 닫힌 질문만을 사용하여 '예', '아니오'의 강요 그리고 질문을 나열하여 주제를 이끌어 갈 수 없다.
- ▶ 비난성 질문을 하여 면접자에게 정작 필요한 정보를 얻기

어렵다.

▶ 면접자들을 불쾌하게 하여 해당 기업에 대한 이미지를 나
빠지게 할 수 있다. 면접자들이 향후 자사의 잠재적 고객
이 될 수 있기 때문에 유의해야 한다.

면접자들은 면접관들의 훈련 여부를 눈치 챈다.

면접관들을 미리 훈련시켰다고는 하는 데 면접관 숫자를 채우기 위
해 교육을 받지 않았을까 하는 느낌이 들었습니다.

이러한 면접 후기를 보면서 인사 담당자들은 가슴이 '쏴' 하고 내
려앉아야 한다. 특히 말발이나 있는 사람을 주먹구구식으로 추천한
인사 담당자들은 '쏴' 다음에 '덜컹' 해야 한다.

다음은 필자가 외부 면접 과정에서 직접 경험한 것이다.

면접 방법은 다음과 같았다.

면접 대기실에서 '저출산 정책' 주제로 짧은 글을 쓰게 한다.
그 글을 면접관들에게 주고 면접관들 앞에서 발표하게 한다.
다음으로 면접관들이 질문을 하는 것이다.

이런 면접 방법은 일정 주제에 대해 면접자들의 문제 분석력, 발표력 등을
함께 볼 수 있는 것이다. 이 면접 과정에서 면접관들은 발표 내용을 들으며
'논리적인가', '시사에 얼마나 관심이 많은가', '말하는 방법이 적절한가',
'출산 대책을 합리적으로 기술하고 있는가', '태도가 바른가' 등에 관심을
두어야 한다.
그리고 이를 통하여 맡으려는 일과의 적절성, 면접자의 능력 즉 역량을 보
아야 한다. 그리고 질문 시간에는 발표 내용에서 알지 못한 것 등등에 대해
추가 질문을 해야 한다.

그런데 면접자가 발표를 마치자 그 중 한 면접관은 면접자들이 말한 저출
산 정책에 대한 '정답'을 요구하고 있었다.

'지금 이렇게 말했는데 그것으로 사람들이 아기를 많이 낳을 수 있을 것이

라고 생각하는가?

'지금 밀힌 것이 입법화가 가능한가'

'본인이라면 그런 정책 하에 아이를 많이 낳을 것 같은가?'

'본인은 몇 살인가? 그 정책대로 하려면 몇 년이 걸리겠는가?'

'더 좋은 정책이 없을까?'

'나는 그것 가지고는 충분하지 않다고 보는데 실제적으로 아이를 더 많이 나으려면 어떻게 해야 할까'

또, 또 하면서 정답을 요구했다.

'또또' 가 계속되다 보니 결혼 생활까지 언급하고 급기야 면접자는 울려고 까지 하였다. (결혼도 하지 않은 사람이었다)

면접관이 면접을 망치고 있는 좋은 예였다.

면접관은 그 질문 사이사이에

'그 정책이 어리석다고 생각하지 않아요?'

'내가 누구라고 생각해요'

등등의 언급도 했다. 만약 이 '또또' 면접관이 훈련 받았다면 면접자의 답을 들으면서 추가 질문을 구성했을 것이다. 다음과 같은 말로 면접을 진행했을 것이다.

'지금 다른 나라의 예를 들었는데 그것은 어디에서부터 정보를 얻었지요?'

면접자들이 울상이 되어 나가는 모습을 보면서 마음이 편치 않았다. 마음 한편으로는 그들이 면접의 개념을 잘못 알게 될까봐 더욱 마음이 쓰였다. 더욱 '또또' 면접관 앞에서 한없이 작아지는 그 모습이 정녕 자기들의 실제 모습이라고 인식할 것 같아서 마음이 쓰였다.

그들은 아마도 면접이라는 것이 당연히 이렇게 진행되는 줄 알 것이며, 아마도 떨어졌다면 그것은 정답을 맞추지 못해 떨어졌다고 생각할 것이 분명하기 때문일 것이다.

필자가 '면접관을 위한 면접 가이드' 라는 책을 쓰기로 결심한 것은 바로 이러한 몇 번의 면접관으로의 경험에서 나온 것이다.

내가 만난 '또또' 면접관, '호통' 면접관, '침묵 내지는 방관' 면접관들은 모두 내가 글을 쓰도록 동기를 부여하신 분들이다.

또또 면접관의 면접이 잘못된 점은 무엇일까? 그것은 면접관이 훈련받지 않은 채 면접에 임했다는 것이다.

무엇이, 어떻게 잘못된 것일까?

먼저, 면접 유형에 맞게 면접관들의 질문 배분을 사전에 하지 않았다. 일 대 다 면접 즉 한 명의 면접자를 다수의 면접관이 면접을 보는 경우 면접관들은 사전에 질문 내용을 배분해야 한다. 한 명의 수다쟁이가 면접 시간을 내내 독차지 않게 하기 위해서, 동일한 내용이 중복되지 않도록 하기 위해서 반드시 배분을 해야 한다. 준비 부족으로 인해 2명의 면접관의 침묵과, 한명의 면접관의 '또또' 가 면접을 망치고 있었다.

두번째로, 면접관의 자질이다. 면접의 공평성을 위해 외부인사인 필자까지 불렀다. 그러나 외부 인사를 활용할 방법도 미리 주지 않았다. 알아서 하라는 것이고, '또또' 면접관 외에 다른 한 분은 자기는 마음이 너무 약해서 남에게 질문을 못한다고 사전에 말씀을 하셨다. 자기 하나로 남의 인생이 달라지는 모습은 결코 볼 수가 없기 때문에 질문을 하지 않겠노라고 하셨다. 자선 사업을 하실 분이 면접관으로 차출된 것이다.

마지막으로, 면접의 목적이 무엇인가를 상실하였다. 면접은 정답 찾기가 아니며, 면접관의 마음에 드는 대답을 요구하는 것이 아니다. 면접자에게서 찾으려고 하는 역량을 면접관들이 알지 못하고 있다. 즉 면접을 통해 면접자의 창의성을 보아야 할이지 아니면 논리성을 보아야 할이지 그것을 알려주지 않았다. 다시 말해 이 면접을 통해 면접자들의 어느 면을 찾아내야 할 것인가에 대한 것을 알려주지 않았다.

이처럼 면접이 실패하지 않기 위해서는 미리 구조화된 속에서 진행되어야 한다. 면접관의 훈련도 이 구조 속에서 이루어져야 하는 것이다. 그렇지 않은 경우 바로 위와 같은 결과를 초래한다.

'또또' 면접관의 언어 사용을 보면

'하면 안 되는 질문'을 지속적으로 하고, '특수하고 세부적인 말을 많이 하며, 발언권을 독차지 하는 것으로 보아 공격적(남에게 상처 주려는)이고, 눈치 없고, 둔하고, 지루한 사람이다.

주위 사람에게 확인해 본 결과는 '족집게다'라는 평가였다. 노래방에서는 마이크 독차지는 하지 않는데 노래 실력이 없기 때문이라고 한다. 다행이다.

지금까지 설명한 것은 면접관 개인의 특성이 나타나 면접 진행을 방해한 예이다. 이를 방지하기 위해 면접관의 훈련이 필요하다. 이런 점 외에도 면접관들이 훈련을 받아야 하는 중요한 이유는 면접관의 특별한 말이나 행동으로 불합격 여부를 직감할 수 있다는 것이다. 이것은 면접 과정에 지대한 영향을 미친다.

합격을 예감하는 표현에 대해 살펴보자. 비언어적인 요인으로는 다음과 같은 것이 있다.

* 여러 면접자들 중 특정인에게만 집중적으로 질문하거나, 특정인에게만 계속 눈을 마주 치고 바라 보거나, 면접자를 향해 미소를 짓고, 고개를 자주 끄덕이고, 입사지원서나 자기 소개서를 주의 깊게 보고, 답변에 실수가 있어도 유연하게 넘어가 주고, 면접관들이 서로 질문을 하려고 하며, 옆 면접관들과 뭔가를 속삭일 때

면접자들은 합격이구나 하고 예감한다고 한다. 그리고 합격통지서를 받는 순간 예감이 맞았다는 것을 안다고 한다.

면접자들은 다음과 같은 말에도 합격임을 직감한다고 한다.

"인상이 참 좋으시네요"

"좋은 결과 있기를 기대합니다"

"합격하면 바로 일 할 수 있나요?"

"합격한다면 잘 할 수 있겠어요?"

"결정되면 바로 연락 드리겠습니다"

"네, 그 정도면 됐습니다"

"그 대답은 참 잘 하셨습니다"

면접관이 면접자들의 대답 내용에 공감을 보이는 것은 중요한 기술이다. 그러나 그것을 합격의 표시로 여기지 않도록 하는 것도 공감

의 기술만큼 중요하다. 이처럼 합격 여부를 나타내주면 공정하게 면접을 진행하기 어렵다. 면접관들은 이와 같은 표현을 하지 않도록 유의해야 한다.

탈락을 예감하게 하는 말 역시 면접 과정에 영향을 미치므로 주의해야 한다. 예를 들면 다음과 같다.

"(나중에)연락드리겠습니다"
"그 정도면 되셨습니다"
"다른 분야가 더 잘 어울리실 것 같은데요"
"그 부분은 잘 모르시나봐요"
"대학시절(또는 공백기) 동안 대체 무엇을 하신건가요?"
"(인턴 등)에 대한 경력은 없으신가요?"
"만약에 떨어지면 어떻게 하실 건가요?"

* 언어적인 표현 이외에 성의 없이 질문을 하거나, 순서가 된 면접자가 아닌 다른 지원자를 보거나, 왠지 쓴 웃음을 짓는 듯한 모습, 딴 짓을 하거나 면접관들이 서로 질문을 양보할 때, 특정 지원자에게는 질문의 양이 적고, 답변을 중간에 끊거나, 답변이 끝나기도 전에 다음 지원자에게 질문하거나, 답변 후 고개를 갸우뚱하거나, 답변 후 무대답·무표정, 다른 사람은 다 적는데 특정인에게만 아무것도 적지 않을 때

이러한 불합격 표지를 듣거나 보면서 면접자는 면접에 올바로 임할 수 없을 것이다. 면접관의 이러한 태도는 올바로 면접이 진행되는 것을 방해한나. 그러므로 이러한 것들이 언어표현과 행동으로 나타나지 않도록 유의해야 한다.

이처럼 면접관은 훈련 받지 않으면 여러 면에서 면접을 올바로 진행할 수 없다는 것을 알 수 있다. 그리고 이것은 면접의 본질 즉 면접자의 역량을 바로 이끌어 내지 못한다는 것을 알아야 한다.

김대리, 이과장 면접관이 되었다네
─훈련모형

이번 면접에 김대리와 이과장이 면접관이 선발되었다고 통보가 왔다.

이들은 어떤 표정을 지을까?
회사에서는 무엇을 근거로 이들을 면접관으로 뽑았을까?

김대리의 인상이 좋아서?
이과장의 옆 동네에 유명한 관상쟁이가 살아서?
이들의 직관력이 뛰어나 사는 주식마다 올라서?

아마도 면접이 무엇인가를 확실히 아는 인사 부장님이라면 이들의 평소 말하기 태도나 듣는 태도 등을 보았을 것이다.

지금까지의 논의를 통해 면접관 훈련이 필요한 것은 인지되었을 것이다. 면접에 관한 책을 읽으면서 이론적 무장도 하였을 것이다. 그러나 실제 연습도 필요하다. 이것은 의사 소통 기술과 인터뷰 기술을 습득해야 한다는 것을 뜻한다.
면접관이 된 사람, 되기를 희망하는 사람들을 위한 훈련 교실을 열어 본다. 스스로 할 수도 있고 두세 사람이 역할놀이를 하면서 할 수도 있다.

총 6교시로 신행된다. 1교시는 45분이 될 수도 있고, 사흘이 될 수도 있다. 면접관 희망자의 자질과 능력에 따라 시간 배분을 하면 된다.

　　우리가 휘트니스 센터에 가서 운동을 하듯이 말을 하는 훈련을 해야만 한다. 이런 말하기 훈련장을 '커뮤니케이션 휘트니스 센터' 라고 하자. 이 센터에의 등록은 선택 사항이 아니라 의무사항이다.

　　일반적으로 훌륭한 언어 사용자가 되기 위해서 다음과 같이 과정을 거쳐야 한다.

　　첫째, 훈련이 제대로 진행되었을 때의 목표를 세운다(아내의 말을 미소를 지으며, '아 그래' 라는 반응을 보이면서 끝까지 들어준다. 아이와 대화를 하기 위해 아이가 좋아하는 게임을 미리 해보거나 그에 대한 정보를 모은 다음 30분 동안 한 번도 화를 내거나, 인상 쓰지 않고, 아이 한 번, 나 한 번, 서로 순서 교대를 하면서 말을 한다).

　　둘째, 나쁜 언어 습관을 제거한다(욕이나 비어를 사용하지 않는다. 소리를 지르지 않는다. '결과만 말해' 라고 하지 않는다).

　　셋째, 다른 사람의 말하기의 좋은 점만 하루에 하나씩 배운다(특정 MC의 부드러운 언어 사용을 흉내내는 것도 좋다).

　　이것은 휘트니스 센터에 가서 목표 체중을 설정하고, 나쁜 식습관을 제거하는 것과 똑같다. 조깅하는 사람들은 땀을 흘려야하고 힘들고 고통스럽다. 이와 똑같이 말하기도 훈련을 해야 한다. 이 과정도

힘들다. 피곤할지라도 포기하지 말아야 한다.

의사 소통 기술은 누구나 가지고 있는 것은 아니다. 집에 가면 "밥 줘", "아아"는 단 두 마디 말만 하는 사람이 면접관이 된다면 그것은 어떨까? 다음 인용말은 이러한 사정을 잘 나타낸다.

"평소엔 말을 잘하지만 청중 앞에만 서면 횡설수설하는 분이 많아요. 외국어는 열심히 노력해서 배우는 분들도 우리말을 잘하는 요령은 따로 배우거나 연습한 적이 없기 때문이죠." 지난 3년간 말하기 강사로 활동하고 있는 김원장은 "말을 조리 있게 잘하는 것도 노력의 결과"라고 강조했다. 그는 "요즘처럼 커뮤니케이션이 중요한 시대에 지도자라면 말하는 능력을 반드시 배양해야 한다"라며 "특히 기업을 맡고 있는 최고경영자(CEO)는 자신의 의사를 정확하고도 효과 있게 표현할 수 있어야 한다"라고 말했다.

위에 인용한 것을 통해서 의사 소통 기술이란, 그들이 일정한 직위에 오르는 것과 비례하지 않는다는 것을 알 수 있다(물론 의사 소통 기술이 뛰어난 사람이 높은 지위에 오르는 확률이 높다).

이제부터 '커뮤니케이션 휘트니스 센터'에서 차례대로 말하기 연습을 하자. 휘트니스 센터에 있는 여러 기구를 활용하는 것처럼.

면접관 스스로의 말하는 방법을 객관적으로 살펴보기

면접관은 먼저 스스로의 말하는 방법에 대해 알아야 한다. 약점과 장점에 유의하면서 녹음기로 들어보는 것도 좋은 일이다. 이것은 비단 면접관으로서만이 아니라 일상 언어생활에도 많은 도움을 줄 수 있다. 대화 상대자를 정해놓고 말을 한번 해보자. 두 사람이 짝을 짓고 연습을 하는 것이 좋다. 여의치 않다면 거울을 상대방이라고 가정하고 한 번 해보자. 상대방에게 자신의 다음과 같은 면을 체크리스트에 표시해달라고 하자.

1. 상대방에게 자신을 소개하여 보자.
2. 비언어적 방법의 활용의 적절성을 살펴 보자.
3. 상투적인 말을 사용하는가? 그렇다면 자신만의 용어를 사용하는 것은 어떨까?
4. 욕을 하거나 거친 말을 하는가?
5. 다른 사람의 약점을 드러내면서 유머를 사용하는가?
6. 되도록 긍정적인 언어를 사용하고 있는가?
7. 다른 사람의 실수를 보거나 들으면 못 참는가?
8. 대화하듯이 말을 하는가?
9. 대화 참여자와의 공통점 찾는 방법을 아는가?

무슨 말을 어떻게 해야 할지 몰라 어색한 웃음만 날리고 있지는 않았는지. 당황하여서 손동작이 커지고 상대방의 얼굴을 쳐다보지 못해 허공만 바라보지는 않았는지. 말하는 방법을 통해 상대방의 모습을 알 수 있다.

예를 들면 발표문을 읽는 깃처럼 준비된 말만 하는 사람은 계산적인 사람이라는 첫인상을 주기 쉽다. 그리고 듣기만 하고 화제 전환에 기여하지 않는 사람은 '자기중심적' 또는 '바보'라는 인상을 주기 쉽다. 또한 한 가지 화제에만 관심을 가지는 사람에게는 '지루한 사람' 또는 '지적 호기심이 없는 사람'이라는 느낌을 준다. 강연식으로 하는 사람은 '잘난 척하는 사람' 또는 '배려심 없고 사람'이라는 수식이 따라다닐 수 있다. 대화에서 혼자만 말을 하는 사람 역시 그러하다.

적절한 언어 사용 방법을 익힌다.

대화를 할 때 자기말만 연설조로 얘기하지 마라. 대화 상대방과 공통점을 찾아보자. 예를 들면 날씨나 상대방의 옷차림과 같은 세계(?)공통의 주제를 가지고 대화를 시작한다면 무난하다.

긍정적인 말을 주로 하는 사람과 부정적인 말을 주로 하는 사람은 사고방식 또한 차이가 난다. 모든 사람들은 긍정적인 사람과 대화하는 것을 더 선호하는데, 이는 자신 또한 긍정적인 생각을 가질 수 있기 때문이다.

'저는 제가 싫거든요', '제 부모님은 무능하세요' 이런 표현이 자신은 솔직하다고 여겨질 수 있다. 그러나 다른 사람은 그렇지 않게 여긴다는 사실에 주목해야 한다.

자기 자신에 대해 불평하는 경우 자신은 솔직하다고 생각하지만 남들은 비판적이고, 지루하며, 자기중심적이라 생각한다.

　어떤 상황을 부정적인 면에서만 초점을 맞추는 것을 상대방은 불유쾌하다고 생각한다. 지나치게 긍정적으로만 말하는 것도 지혜가 없어 보이고, 불안해보이며, 비현실적으로 타인의 눈에 비친다.

　이렇게 자신의 말하는 습관을 살펴보고 비언어적 유형에도 관심을 기울여 보자.

　아주 작은 것도 그냥 넘어가지 말하라. 보이는 것, 들리는 것을 경청하려고 해라. 그리고 그 사람을 느끼려고 애써라.

1교시에서는 일상생활에서의 말하기 연습을 하였다. 이것을 기초로 2교시에는 면접에 필요한 말하기를 연습하여보자.

 면접의 개념을 알아야 한다.

다른 사람과 대화하듯이 면접에서 말하면 안 된다. 아나운서들도 집에서 자기 아들에게 말하듯이 프로그램을 진행하지 않는다.

면접이란 회사가 필요로 하는 능력이 있는 사람을 뽑는 과정이다. 그러므로 면접관은 대화 상대방과 함께 상호 의사 소통을 하면서 동등한 관계를 유지해야 한다. 여기에서 다음과 같은 점을 조심하면서 말해보자.

언어 사용에 유의하자. 특히 면접을 혼란스럽게 하거나 면접자들이 더 이상 말을 하지 못하게 하는 언어 표현들을 사용하지 않도록 한다. 예를 제시하면 다음과 같다.

▶ 조금 특이한 정서를 지녔네요.
▶ 대학시절을 엉망으로 보냈군요.
▶ 백수 생활이 어땠어요?
▶ 내가 말하는 것을 네가 알아?

▶ 별로 신선감이 없네요.

▶ 좀 정신이 나가신 것은 아니에요?

　이런 류의 표현을 하면 면접자는 더 이상 말을 이어가지 못한다. 정말 위와 같은 내용을 언급해야 하는 상황이라면 다음과 같이 말을 해도 알아듣는다.

▶ 아주 개성적이시군요.

▶ 대학시절에 학업 성적보다는 야외활동에 신경을 쓰셨군요.

▶ 좀 편히 쉬니까 어떠세요?

▶ 무슨 뜻으로 말하는지 다 이해가 가네요.

▶ 다른 사람들처럼 생각하는 무난하신 분이네요.

▶ 다른 사람들보다 독특한 생각을 한 것이네요.

　반복해서 언급하지만 면접관은 면접자를 독려하여 면접자의 말을 최대한 이끌어 내어 그의 역량을 판단하는 사람이다. 일단 비난을 하고 나면 추가 질문을 하기 어렵다. 면접자는 침묵하거나 의기소침해지기 때문이다. 그를 일단은 격려해야 한다.

　면접의 시작 질문을 선택해보자. 이를 위해 자기 소개서에서 가장 핵심이 되는 내용이 무엇인가를 발견해라. 그리고 그것을 대화에 집어넣어라. 그가 관심 있는 분야에 대해 소재로 삼아도 좋다. 자기 소개서에 나와 있는 내용을 토대로 그 상대방이 관심 갖는 내용을 생각해보자. 대화 상대자의 관심이나 삶의 방법 등에 유의해

보라. 그리고 거기에 이야기의 포인트를 주어라.

> 자전거 타기를 좋아하시네요. 자전거 종류가 많던데. 무슨 계기가 있었
> 어요? 자전거 타면 이점이 무엇인가요? 우리 회사에서 본인의 자전거
> 타는 취미를 어떻게 활용할 수 있을까요?

역할 놀이의 면접자의 답을 잘 들으면서 더 알고 싶은 내용에 대
한 관련된 추가 질문을 하여보자. 추가 질문을 찾기 어려우면 면접자
들이 사용한 단어를 단서로 삼아 그것으로 다음 대화를 이끌어 보자.
앵무새처럼 상대방이 말한 것을 반복이라도 하면서 질문을 하여 보
자.

> 면접자 : 저는 다양한 아르바이트를 하면서 다양한 종류의 사람들을 만
> 난 경험을 회사에서 살려보겠습니다.
> 면접관 : 아르바이트에서 만난 사람들이라... 주로 어떤 사람들을 만나
> 셨어요?

 언어와 비언어적 의사 소통이 일치하도록 훈련하여야
한다.

지루한 표정을 지으면서 '네에 참 좋은 말을 하셨어요' 이렇게 하
면 이중의 메시지를 전달하게 된다. '뭐야? 지루하다는 뜻인가? 좋다
는 뜻인가 아니면 비웃는 것인가?'
팔을 끼고 앉아 (더 심하게는 인상까지 쓰면서) '네에 참가해주셔서

감사합니다’ 이렇게 말하는 것도 면접자를 힘들게 한다.

1장에서 언급한 것처럼 비언어적 의사 소통은 부정확한 면도 있지만 언어적 의사 소통보다 더 정확하게 발신자의 의사를 알려줄 수 있다. 그러므로 언어적 표현과 비언어적 표현이 일치하도록 하자.

3교시

　　1교시의 말하기 교실을 거쳐, 2교시에는 면접에서의 말하는 훈련을 하였다. 이번 시간에는 상대방을 배려하면서 반응을 보이는 연습을 하려고 한다. 이는 면접자를 공정하고 성의껏 대하는 태도를 지니기 위한 것이다. 이를 위해 다음과 같은 점을 염두에 두자.

　　면접자가 거짓말하거나, 과장하는 것을 눈치 채더라도 그것을 그냥 내버려 두자. 이러한 것을 방지하기 위해서는 면접관은 아주 구체적으로, 특수한 내용으로 추가 질문을 하면 된다.

면접자 : 저는 군대에 있을 때 족구대회에서 우승하여 국방부장관님 표창을 받았습니다. 그래서 일주일 휴가를 받아 바텐더로 아르바이트를 했는데 그때 손님으로 우연히 만난 분 차를 대리 운전했는데 제 운전 실력을 보시고 전역을 하면 바로 운전 기사로 채용해 주신다고 하였습니다.

면접관 : 지금 거짓말 하시는 것 아닌가요? 족구대회로는 국방부장관 표창이 없는데요.

면접관 : 한 두 시간 운전에 그런 약속을 하다니 그 손님 좀 술을 마신 것 아닌가요?"

이런 표현은 면접관이 할 일에 포함되어 있지 않다. 면접관은 단지 면접자의 역량 파악에만 중점을 두면 된다는 것을 다시 한 번 강조한다.

면접자들의 이러한 과장, 왜곡 등을 알아내려면 구체적이고 현장성 있는 추가 질문을 하면 된다. 면접자들의 주장이나 의견에 대해 생생한 묘사와 구체적인 예를 요구하자.

"개인만 포상 휴가를 다녀왔나요? 아니면 족구 대회 참가자 전원이?"
"국방부 장관 표창은 어느 경우에 주나요?"
"그 손님의 그 당시 운전 기사는 어디에 있었나요?"
"전역 후 운전 기사를 얼마나 하셨나요?"

면접자 자신들이 대우를 받고 있다고 느끼도록 하자. 평가자의 입장에서 냉정하게 대하면 안 된다. 상대방을 취업 준비생, 수험생으로만 보지 말자. 앞에서 면접관은 면접자와 동등한 관계를 유지해야 한다고 강조하였다.

면접자를 어린 사람, 취업을 하려고 애쓰는 사람, 백수 혹은 백수 후보생으로 인식하지 마라. 나와 함께 이 시간 대화를 즐기는 사람이다. 이런 마음을 가지고 있으면 다음과 같은 표현은 나올 수가 없다.

"얼굴 실물이 사진과 많이 다르네. 뽀샵했나요? '사진발'이 훨 낫네"

위와 같은 내용의 대화가 면접에서 꼭 필요하다면

"실물도 좋지만 사진이 참 잘 나오는군요. 사진 찍는 비결을 아시나요?"라고 물어야 한다.

잘 듣고 동의를 하라. 아무리 웃기는 말을 들어도 절대로 "웃기는 얘기군" 혹은 '하하' 하는 비웃음 조의 웃음을 웃지 말자. 다른 면접관이 한 말을 다른 면접관들이 킥킥대며 웃는 것도 금해야 한다.

면접자가 답하기 곤란한 얘기가 나올 때 적절히 다른 주제로 환기하는 경우 그대로 따라 주는 것이 필요하다.

"왜 치마를 입지 않고 왔느냐. 행사 도우미 업무는 섹시함이 좀 있어야 하는데 본인도 그렇게 생각하느냐" 이런 질문은 성차별에 걸리는 위험한 질문이다. 무심결에 이런 질문이 나왔는데도 면접자가 "전 행사도우미가 참 좋거든요. 왜냐하면 늘 새롭기 때문이죠"라고 화제를 전환한다면 "새로운 것을 좋아하시는 성격이시군요"하면서 그대로 인정해주라는 것이다. 그런데 "치마 얘기하는데 왜 얘기 돌려요" 이러지 말라는 뜻이다.

따뜻하게 웃고, 몸을 전체적으로 움직이고, 관심을 주어라. 이런 식으로 하면 사람들은 '나는 너를 매우 매우 특별하게 생각한다' 라고 여긴다. 면접자를 아주 오래된 친구, 혹은 굉장히 나에게 영향을 주었던 사람, 아주 오래된 단골 손님인 것처럼 상상해라. 그렇다면 그가 가진 역량을 최대한 이끌어낼 수 있을 것이다.

"○○대학교에서 우리 회사 입사하면 대단한 영광인 건 알고 있지?"

이러한 말은 내 은사의 아들 앞이라면, 내가 밥 굶을 때 빵 사준 친구의 딸 앞이라고 생각하면 나올 수가 없다.

발을 비틀거나 팔짱을 끼거나 하지 말아라. 그러면 상대방은 불안해한다.

상대방의 호칭에 유의해보자. 면접에서는 항상 면접자의 이름을 부르면서 시작하자. 수험번호 대신 이름을 불러 주자.

이번 시간에는 공감을 느끼는 표현에 연습을 해보자. 면접에서 공감 능력과 표현은 상상 이상으로 중요한 역할을 한다. 면접관의 공감은 라포르를 형성하여 면접자들의 모습을 분명하게 더 드러낼 수 있다.

면접하면 면접관이 질문하고 애써 대답하는 지원자들의 장면을 떠올린다. 하지만 면접은 질문에 대한 답만 하는 자리가 아니다. 이를 통하여 서로 대화하는 자리다. 그러므로 잔뜩 얼어붙어 묻는 말에 단답식 답변만을 하는 지원자에게 말을 유도하도록 애를 써야 한다.

"너무 긴장해 있군. 편하게 얘기하세요" 등과 같은 표현을 쓰면서 상대방을 배려하는 마음을 가져 보자. 그리고 마치 심문을 받으러 온 것처럼 묵묵하게 대답만 하는 지원자에게도 말을 유도해야 한다. 이런 친구가 더 진실할 수도 있기 때문이다. "괜찮아요. 마음 쓰지 마세요" 면접관은 유연한 사고, 부드러운 자세로 서로 대화한다는 마음가짐으로 임하는 것이 면접을 올바르게 진행하는 데 필요하다.

상대방의 언어를 함께 사용해보자. 면접자들에 맞는 언어를 사용해라. 그들이 사용하는 명사, 동사, 형용사에 유의하면서 들어보자. 그리고 그들이 사용하는 언어로 표현하면 라포르가 형성되

어서 면접의 효과가 충분하다. 면접관들의 언어와 면접자들의 언어
는 여러 면에서 다를 수 있다. 언어는 사회의 변화에 따라 변하기 때
문이다.

> 면접자 : 선생님 안 그러실 것 같은 분이 어쩌다 불법주차를 하셨습니
> 까? 라고 다가가면 대부분 사회적 지위와 체면상 바로 화내
> 는 일은 없었습니다.
>
> 면접관 : 네 좋은 경험을 했네요. '선생님'이라는 호칭은 참 잘 사용했
> 군요. 말한 내용을 보다 구체적으로 말씀해 주세요.
>
> 면접자 : 한 두 사람이 불법 주차를 하다보면 이곳은 만성적인 불법주정
> 차 지역이 되어 단속을 할 수 밖에 없다는 점을 인지시키고, 횡
> 단보도 옆이라 불법 주차 시 보행자의 시야와 운전자의 시야를
> 가려 매우 위험하다며 불법주차의 위법성과 위험성을 인지시
> 키겠다고 말씀드렸습니다.
>
> 면접관 : 만성적인 불법주정차 지역을 인지시킨 점은 아주 훌륭하군요.
> 불법주차의 위법성과 위험성을 인지시키는 방법에 대해 말씀
> 해보세요.

위에 제시한 대화 쌍에서 면접관은 면접자가 사용한 어휘로 다음
질문을 이어가고 있어 면접관은 면접자를 인정하는 태도를 보이고
있다.

 상대와 대화를 나눌 때 일상의 가십에 집중하지 않도록
한다.

아 ○○동네에 사시는군요. 거기 수퍼 빵 맛있는데 아직도 있나요?
네 맛있어요. 좋아해요
그 빵 요즘은 얼마에요?

이런 식으로 하면 면접은 잡담으로 격하된다. 그리고 상대의 태도
에 휘말리는 경향을 나타내기 쉽다. 면접자가 보이는 태도 여부에 따
라 반응을 달리 보일 수도 있다. 상대가 공격적으로 나오거나 무심한
태도를 보이더라도 당황하지 말고 대처해야 한다. 약자로서의 모습
을 보이지 않아야 하며, 사랑으로 상대를 이해하려는 노력을 해야 한
다.

면접자의 부호를 해석해내는 능력을 기르는데 중점을 두
어야 한다. 그리고 부호화 해야 한다. 위에 든 예를 다시 한 번 인용
하자.

면접자 : 선생님 안 그러실 것 같은 분이 어쩌다 불법주차를 하셨습니
까? 라고 다가가면 대부분 사회적 지위와 체면상 바로 화내
는 일은 없었습니다.

위의 면접자의 대화에서 면접자는 사회적 지위와 체면을 강조하
고 있다. '선생님' 이라는 호칭을 쓰고 있다는 점에서 면접자는 상대

방을 올려 주거나 칭찬을 하면서 행동을 올바르게 잡는 타입이라는 것을 추측해 낼 수 있다.

> 면접관 : 누구와 잘 싸우는 성격은 아닌 것 같아요. 화가 나는 경우 어떻게 하시죠?

라고 질문을 할 수 있다. 대개의 면접자는, 필자의 경험에 의하면, '어떻게 아셨어요' 이런 표정으로 면접관을 존경의 눈으로 쳐다본다.

5교시

면접 과정은 "질문–답–질문–답"으로 이루어지므로 이들 과정에서 면접관이나 면접자에 모두에게 필요한 것은 듣는 능력이다. 잘 듣는 연습을 해보자.

경청의 자세

경청하기 위해서는 면접관 혼자 발언권을 쥐거나, 쉬지 않고 말하거나, 면접자의 말에 무관심하지 않아야 한다. 면접관은 면접자가 말하는 것을 열심히 듣고 동의의 표시를 해야 한다.

말을 하는 것보다 듣는 속도가 빠르다. 들으면서 다른 행동을 할 수 있는 것도 이 때문이다. 적극적으로 듣는다는 것은 적극적으로 참여한다는 것이다. 지원자는 많은 연습과 준비를 하고 온 사람이다. 그가 비록 길게 말을 할지라도 경청의 자세로 들어야 한다. 때로는 '아 그래', '그렇구나' 와 같은 맞장구도 쳐주어야 한다.

잘 듣기 위해서는 침묵을 활용할 수도 있다. 면접자도 생각할 틈을 갖게 하여 침묵을 통해 면접 진행 속도를 조절할 수 있다. 그러나 면접자가 침묵하게 해서는 안 된다. 면접관이 부적절하거나 올바르지 않은 정보를 가지고 면접할 때 면접자는 침묵하거나 거부감을 갖는다. 지원자와 대화한다는 마음으로 임해야 한다.

어떤 소식을 전할 때 항상 수신자의 입장이 되어라. 내가 그것을 어떻게 느꼈는가가 아니라 상대방이 그것을 어떻게 받아들일까를 생각하면서 전해주자.

"제가 지금 실수를 한 것인가요?" 미숙한 면접자는 이런 말을 한다. 면접관은 면접자의 마음을 헤아려 자기가 수신자라면 어떤 말 듣기를 원할 것인가를 생각하고 답해주면 된다.

"괜찮아요. 저도 면접하면서 실수했어요."
"아니에요. 누구나 할 수 있는 일이에요."
"긴장하면 다 그래요. 충분히 이해해요."

면접자가 무슨 말을 하든 흥미를 보여야 한다. 동의에 대한 표시, 감정에 대한 이해, 의견표시 등을 얼굴에 나타내야 한다.

면접관이 가장 중요한 일은 질문 하는 일이다. 그러므로 질문 하는 방법을 알아야 한다. 면접이란 게 사실 '뻔한 질문에 뻔한 답변' 이 되기 쉽다.

대개 면접관은 틀에 박힌 질문을 하고 있고, 이에 대해 면접자는 만반의 준비를 하고 있어 변별력이 없다.

특히 대개의 면접에서는 질문 내용이 애매하고, '너그러운' 질문이라 채용 여부를 좌우할 결정적인 답변을 기대하기 어렵다. 그러므로 면접관은 지원자를 판단함에 있어 주로 직감에 의존하게 된다. 이 때문에 일부 면접관들은 면접에 큰 부담을 느끼지 않는다.

그러나 면접을 면접답게 하려면, 앞에서 강조한 것처럼 회사에서 필요로 하는 인재를 올바로 뽑기 위해서는 면접관은 질문하는 방법을 익혀야 한다.

질문에는 질문하는 사람의 가정과 편견이 담겨져 있다. 다시 말해 면접자의 믿음이나 가치 체계 즉, 면접자의 문제나 면접자의 인지에 대한 가치 체계를 질문 형태가 반영하고 있기 때문에 질문 내용을 잘 구성해야 한다. 이를 통해 면접자가 갖는 두려움, 불안함, 상실감, 피곤함 등에서 벗어나도록 해야 한다.

전통적인 질문과 행동에 관한 질문을 이용한 면접 방식은 결코 최선의 채용 방식이 아니라고 할 수 있다. 또한 그것은 제한된 면접 시간을 적절히 활용하는 방법도 아니다.

질문 내용을 구성할 때는 직접적이고 현장성 있는 답이 나오도록 해야 한다. 동시에 구체적인 답변을 요구하도록 해야 한다. 면접자들이 대답할 때 정확하고, 구체적이고, 전문적인 답이 나오도록 구체적인 질문을 하는 방법을 익혀야 한다. 구체적이라는 것은 감정, 경험, 생각을 양적으로 표현할 수 있는 것이다.

　이상 6교시의 훈련 과정을 거쳤다. 6교시가 6일이 되기도 하고, 6개월이 되기도 할 것이다. 오랜 시간 피트니스센터에 다녀도 몸에 별 변화가 없듯이 뚜렷한 변화가 없을 수도 있을 것이다.

　그러나 이런 훈련 즉 준비기간을 통하여 '말을 한다는 것' 혹은 좀 더 구체적으로 '면접을 한다는 것' 은 반드시 훈련과 연습이 필요하다는 것을 인식해야만 한다.

　특히 면접관의 훈련에서는 '일반 의사 소통 기술＋면접 기술＋특수화된 보다 전문적인' 것 즉 회사에서 필요로 하는 인물을 뽑기 위한 여러 기법 이들 각각에 대한 훈련이 되어 있어야 한다.

　그동안 면접에 대한 논의는 면접자가 면접관의 질문에 어떻게 답을 할 것인가 하는 '답' 에만 초점이 맞추어져 있다. 그 결과 무슨 질문을 어떻게 해야 하며, 그것을 어떻게 평가하는 가에 대한 가이드라인이 없었다. 이것은 참으로 백지에 그림 그리는 격이다. 그래서 면접에 관한 많은 미신 같은 이야기들이 떠돌았다. 자기 소개서 보는 면접관에 따라 누구는 사진만 보고, 누구는 해외 경력만 보고 점수를 준다는 이야기. 면접관이 웃기는 이야기를 좋아하는 사람이라서 웃기는 이야기를 한 사람에게 점수를 많이 주었다는 것 등등이 그것이다.

　이와 같은 소림사에서 봉 휘두르는 이야기는 이제는 없어져야 한다. 이를 위해서는 객관화된 면접을 해야 한다. 회사에서 필요로 하는 인재를 뽑기 위해서 가장 필요한 것은 면접관들에 대한 체계적인 훈련이다.

3장

면접 구조화하기

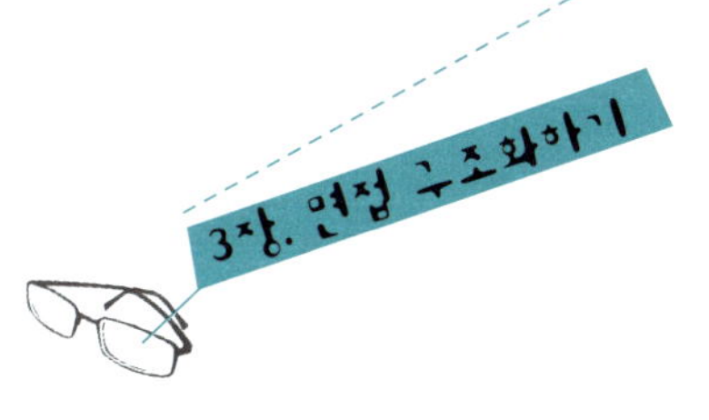

　　이 장에서는 면접 구조화의 장점과 질문 내용 설정 절차, 질문 방법, 면접의 유형에 따른 질문 내용 방법 등에 대해 알아보고자 한다. 면접이 구조화되면 면접의 목적을 보다 분명하게 할 수 있고, 면접자를 면접관의 편견에서 벗어나 올바른 판단을 할 수 있다.

면접 구조화의 장점

면접 구조화란

인재상 구축, 이에 따른 질문 내용과 방법 모색, 면접 진행 그리고 평가까지 일관성 있고 체계적으로 면접이 이루어지도록 만드는 것을 뜻한다. 면접을 구조화 하였을 경우 다음과 같은 장점을 갖는다.

첫째, 면접의 목적을 분명하게 할 수 있다. 면접의 가장 기본적인 목적은 미래 행동을 예측하는 것이다. 면접관은 면접자의 능력 여부를 판단하기 위한 정보를 모으는 것이다. 질문 내용, 방법, 평가 내용을 구조화하면 평가해야 할 내용과 방법이 정해진다. 만약 그렇지 않으면 잡담으로 전락한다. 그 결과는 언변이 좋거나 외모가 뛰어난 사람들에게 마음을 빼앗긴다. 면접의 구조화를 통해 면접관은 면접자의 사전에 준비된 응답이나 행동에 조정(control)되지 않을 수 있다.

둘째, 면접의 구조화를 통해 면접 과정에서의 면접자의 거짓말, 왜곡 여부를 파악할 수 있다. 그리고 면접을 하는 과정에서 영향을 주는 첫인상, 고정 관념, 선입견 등에서 벗어날 수 있다. 구조화되지 않은 면접 결과는 '정장 차림으로 면접에 임하여 예절 바르다고 평가 받는 면접자'가 정작 출근할 때는 '미니스커트를 입고 오며', '야근을 해야 하는 상황에서는 만사 제치고 하겠다던 면접자'가 '왜 야근을 해야 되는가' 따지는 인재를 뽑게 된다. 다시 말해 면접관이 관찰하고, 수용하고, 측정한 것이 타당성을 유지하기 위해서 면접 과정을 구조화하여야 한다.

셋째, 면접의 구조화는 면접관이 지니고 있는 편견을 극복하기 위해서 필요하다. 면접관은 면접자와의 문화적, 윤리적, 언어 차이 혹은 시대적 차이를 지니고 있을 가능성이 높다. 이러한 차이를 수용하여야 면접의 평가의 객관성을 유지한다. 이러한 객관성은 면접의 신뢰성을 획득하게 한다. 서로 다른 면접관이, 동일한 한사람을 면접했을 때 동일한 결과를 가져오기 위해서는 평가 항목, 질문 내용, 질문 방법 등을 상세히 구조화 할 수 있어야 한다.

이처럼 면접을 구조화하면 면접관은 가이드 라인을 작성하고 이를 준행하여 사전준비를 철저히 할 수 있다. 이제 구조화에 따라 면접의 준비 과정에 대해 살펴보기로 한다.

질문 내용 선정 절차

면접관은 질문에 대한 예상 답을 생각하고 그 답을 평가할 준비를 하면 된다. 면접자는 예상 답을 준비하면서 실제의 자기의 모습을 보여주기 위해 내면적인 실력도 길러야 한다.

'60초의 첫인상을 위한 60개월의 준비' 라는 것은 이를 뜻한다. 면접관들은 이렇게 철저하게 준비한 면접자들의 답을 여러 면에서 평가해야 한다.

이제 질문 내용 선정 절차에 대해 알아보자.

질문 내용의 구조화를 위해서는 면접자의 감정, 경험, 행동들을 이해해야 한다. 이를 위해서 미리 면접자의 자기 소개서를 읽으면서 자기 소개서에서 알 수 없는 사항들에 대해 체크할 필요가 있다. 특히 회사에 필요로 하는 능력을 갖추었는지 파악해야 한다. 요즘 블라인드 면접이라고 해서 면접자에 대한 사전 준비 없이 들어가는 면접도 많다. 그러나 정작 면접의 비중이 높다면 그리고 면접자의 능력을 올바로 파악하기 위해서는—전문직일수록—사전 준비 작업을 통한 질문 내용 선정은 필요하다. 만약 자기 소개서에서 갖는 편견이나 후광효과를 막기 위해서라면 적어도 이번 면접을 통해 뽑아야 할 사람이 지녀야 할 특성 등을 설정하고 그것을 이끌어 낼 수 있는 질문 내용을 구성해야 한다.

질문 내용, 면접자 답변 내용의 추정, 면접관과 면접자가 함께 농의할 것 등을 미리 예측할 수 있어야 한다. 이에 근거해서 질문을 하고, 추가 질문을 하면서 면접을 진행해야 한다. 면접관은 질문 내용이 면접자가 준비해 온 것을 올바로 반영하고 있는지, 그들의 관심권 내에 있는 것이며, 그 질문을 통해서 면접자에게서 자기 소개서 등 서류에서 알 수 없는 새로운 것을 알아 낼 수 있는 것인지, 그리고 답을 할 때 면접자가 내면에 담긴 것들을 나타내는 비언어적인 신호도 동반할 수 있는 것인지를 살펴보아야 한다.

질문 내용을 선정할 때 구체적인 답이 나올 수 있도록 유의해야 한다. 이를 위해서 구체적인 내용을 질문해야 한다. 면접의 핵심은 질문이다. 주로 질문과 답으로 이루어진다는 점에서 어떤 질문을, 어떻게 하는가 하는 것은 면접의 질과 양(면접 시간)을 결정하는 중요한 요소이다. 질문이 올바로 구조화 되지 않으면 위선적인 면접이 된다.

앞에서 의사 소통의 부호(인코딩)과 해석(디코딩)에 대해 배웠다. 면접에서의 질문 내용이란 회사에서 필요로 하는 역량을 알아내기 위한 부호화(인코딩화)된 것이다. 사실상 면접이란 면접자가 이것을 어떻게 해석해서 표현하는가의 문제이다.

질문을 만들 때 면접관은 면접자에게 면접관의 질문을 해석해 내는 능력과 면접자의 의도를 표현해 낼 수 있도록 유의해야 한다. 그리고 이러한 질문의 핵심은 한마디로 면접자가 회사에 기여할 수 있는 것이 무엇인가에 중점을 두어야 한다. 다시 말해 역량 파악에 중점을 두어야 한다.

역량이란 목적을 성취하고, 이에 필요한 자원을 추정하는 데 필요한 일련의 행동을 형상화 할 수 있는 능력을 의미한다. 이러한 능력은 구조적으로 나타나며 일정한 방법으로 체계화된 행동으로 나타난다.

역량을 파악할 때 중요한 것은 관찰 가능한 행동이다. 감정이나 정서는 중요하지 않다. 면접관의 모든 관심은 면접자의 이러한 역량 파악에 중점을 두어야 한다.

면접관은 때로 면접자의 약점이나 부족한 점을 들춰내기 위해 많은 노력을 한다. 그들이 가진 억울함이나 부족함을 이야기하도록 유도한다. 이것은 지원자의 성실함보다는 '수완' 을 엿보기 위한 것이다. 그러나 이것은 역량 파악에는 거리가 멀다는 사실을 알아야 한다.

이런 의미에서 "무엇을 가장 자랑스럽게 생각합니까?" 라는 질문은 일종의 코미디라고 할 수 있다. 면접관이 반드시 듣고 싶어 하는 대답이 아닐 수는 있지만 지원자가 대답해야 하는 방법은 정해져 있기 때문이다. 즉 지원자는 "무엇인가를 이루어내고 맛본 성취감입니다"와 같이 안전한 답변을 하는 것이다.

다음과 같은 질문과 답은 전혀 면접관의 의도에 맞는 대답이 아니다. 면접관의 질문의 의도를 올바로 파악하지 못했기 때문이다. 즉 디코딩을 잘못한 것이다.

면접관 : 우리 기업에 지원한 결정적인 매력 포인트가 무엇입니까?
지원자 : 수준 높은 복지시설, 높은 급여가 가장 매력이었습니다.

지원자는 자기의 역량을 드러낸 것이 아니라 야망을 드러내었기 때문에 높게 평가할 수 없다. 질문의 의도를 해석해 내는 능력이 부족한 것이다. 이와 같은 의사 소통의 입장에서 본다면 질문과 답에 대해 다음과 같은 예를 제시할 수 있다.

면접관 : 빠른 속도로 변화하는 환경에서 일한 경험을 말해보자.

이 질문의 목적은 조직력, 리더십, 판단력, 의사 소통 능력을 알아보기 위한 것이다. 즉 이들을 위해 인코딩된 것이다. 그러므로 이들을 잘 나타내도록 해석하고 이를 표현해 내야 한다. 다음과 같은 것은 아주 좋은 답이다.

제가 법률사무소에서 보조원으로 일할 때 다른 보조원이 아팠기 때문에 변호사님과 저 둘만이 준비해야 할 때가 있었어요. 저는 보고서 작성을 할 때는 상호 협력적으로 해야 한다는 책임감을 가지고 있었어요. 제일 먼저 관계된 변호사님과 함께 앉아 필요로 하는 일들을 불러달라고 말했지요. 그래서 계속 타이핑을 쳤고 어떤 때는 새벽 2시까지 일

이러한 것은 대답에 있어 인코딩과 디코딩이 잘 이루어진 것이라
고 할 수 있다.

회사마다 요구하는 인재상이 다르겠지만 일반적으로는 고정 관념
을 탈피한 유연한 사고의 소유자, 지식보다는 지혜가 많은 사람, 끈
기 있고 책임감과 프로로서의 근성이 있는 사람, 하고자 하는 의욕이
높고 문제의식이 많은 사람, 자기 계발형 인재 등을 원할 것이다. 그
러므로 이들을 알아보기 위한 질문을 개발해야 한다.

면접관이 일정한 의도를 가지고 하는 질문 양상에 대해 살펴본다.
즉 그 질문을 '왜' 하는가에 있는 것이다. 질문의 의도에 맞게 인코
딩하는 방법에 집중하여 본다. 그간의 질문 내용을 모아 보면서 올바
로 인코딩 된 것과 그렇지 않은 것도 함께 논의하여 본다.
인코딩을 할 때는 면접자가 구체적으로 대답할 수 있는 것으로 하
되 면접자 개인이 대답하기 어렵거나, 곤란하거나, 불쾌감을 느끼
거나, 역량을 파악하는 데 별로 도움을 줄 수 없는 질문은 배제해야
한다.

회사에 대한 집중력, 충성도

면접자의 입사 의지를 보려는 것이다. 요즘 면접자들은 대개 대학 입학을 위해 대학을 서너 군네씩 지원해 본 경험자들이다. 이 경힘으로 인해 그들은 무슨 일을 하든지 서너 군데를 함께, 동시에, 지원하는 이상한 방법을 쓴다. 회사 지원도 마찬가지일 것이다.

그들은 대학 입시처럼 수시와 정시 그리고 가나다군으로 나누듯이 적성이나 능력보다는 이처럼 다양하게 일단 '뿌리고' 다닌다. 그러므로 이들이 진정으로 원하는 직장인지 그리고 이 직장을 위해 무엇을 준비했는지 꼭 확인해야 한다. 이를 위해서는 다음과 같이 인코딩할 수 있다.

- ▶ 다른 회사에 합격한다면?
- ▶ 자신이 원하지 않는 지역에 배치된다면 어떻게 하겠나?
- ▶ 지방 근무는 가능한가?
- ▶ 결혼을 앞두고 해외로 발령이 나면 어떻게 할 생각인가?
- ▶ 매일 야근만 시킨다면?
- ▶ 회사의 잦은 야근 등으로 인해서 대인관계가 소홀하게 된다면 어떻게 하겠는가?
- ▶ 일의 특성상 야근이 많고 때로는 철야도 가능한데 가능한가 ?
- ▶ 공휴일 혹은 토요일에 일을 해도 괜찮은가?
- ▶ 다른 회사에 지망한 적이 있는가?
- ▶ 우리 회사를 들어오기 전에 본인이 특별히 노력한 것이

있는가?

▶ 우리 회사의 제품을 본 적이 있는가? 어떻게 생각하는지?

▶ 회사를 선택할 때 중요시 하는 것은 무엇인가?

▶ 우리 회사에 채용이 안 되면 어떻게 할 예정인가?

▶ 우리 회사와 다른 회사에 동시에 붙으면 어떻게?

▶ 지망회사를 결정하기 위해 누구와 상담했는가 ?

▶ 우리 회사와 같이 중소기업을 선택한 이유는?

▶ 우리 회사의 장점과 단점은?

▶ 집에서 회사까지 얼마나 걸리는가?

이 모든 질문은 면접자의 입사 의지나 회사에 대한 충성도를 보기 위해 각기 서로 다른 표현으로 한 것이다. 면접관은 면접자가 이러한 의도를 옳게 해석하였는가를 보아야 한다. 회사에 대해 열정을 나타낼 수 있도록 질문 내용을 선정한 것이므로 그에 적절한 답변을 높게 평가해야 한다. 예를 들면 다른 회사에 합격하더라도 혹은 다른 부서에 배치되더라도 꼭 이 회사에 입사하겠다는 열의와 의지를 보여주겠다는 의사를 높이 평가한다.

난관 극복의 의지

삶에서 어려움을 극복한 의지는 인재 선발의 중요한 기준이 된다. 그러므로 이들은 다음과 같이 인코딩되어 질문으로 나타난다.

▶ 시련을 어떻게 극복했나?

▶ 갈등이나 위기 상황을 경험 여부, 그리고 이들의 극복 방법?

▶ 상사의 부당한 지시에 대응 방법이 있나?

▶ 실적이 나오지 않는다면 어떻게 할 것인가?

▶ 전의 직장에서 업무적인 측면에서 힘들었던 상황은?

이렇게 표현한 면접관은 면접자가 '어려움 속에서도 함께 의기투합해 목적을 달성한 사례', '스스로 공헌한 것' 등을 자신감 있게 그리고 긍정적으로 표현하는지 여부를 확인할 필요가 있다.

도전 정신

도전 정신 역시 인재가 가지고 있어야 할 중요한 요소이다. 이에 대해서는 다음과 같이 인코딩하여 질문의 형태로 나타난다.

▶ 아프리카에 모피를 어떻게 팔 것인가?

▶ 열대지역에서 기저귀를 팔려면 어떻게 홍보하나?

▶ 무일푼으로 외국에 나가면 얼마나 살아남을 수 있나?

▶ 서울에서 부산까지 만원을 가지고 어떻게 가겠나?

이런 경우 면접관은 면접자들이 창의력이 넘치는 방안을 제시하면서, 실패를 두려워하지 않는 패기를 보여주는 여부를 확인할 필요가 있다.

  문제 해결력은 난관 극복 의지와 함께 이 어려운 시대를 살아가는 데 꼭 필요한 것이다. 이를 파악하기 위한 질문은 다음과 같이 인코딩 할 수 있다.

> ▶ 학점이 높은데 공부만 했나?
> ▶ 학교를 왜 이렇게 오래 다녔나?
> ▶ 증권 관련 자격증이 하나도 없는데, 증권회사에 지원하면서 자격증을 따야겠다는 생각은 안 해봤나?
> ▶ 어떤 고객이 들어줄 수 없는 사안임에도 불구하고 끈질기게 요구한다면 어떻게 대처할 것인가?
> ▶ 같은 지역에 식중독이 발생하면 어떻게 대처할 것인가?
> ▶ 난동을 피우는 고객이 있다면 어떻게 하겠는가?
> ▶ 학창시절 동아리 활동을 하는데 겪었던 어려움은?
> ▶ 아르바이트를 하면서 무엇을 느꼈나요?

  이런 인코딩에 대해서는 압박 면접의 형태로 나타나기 쉽다. 면접관과 면접자 모두 흥분하거나 너무 민감하게 받아들이지 말고, 차분하게 생각하고 재치 있게 대처해야 하는 것을 높이 평가한다.

  그러나 이러한 것은 특별한 의도를 가지고 인코딩 된 것이 아니라 면접자를 질책하거나 비난하기 위한 것이라면 좋은 질문은 아니다. 면접에서의 질문이란 반드시 특별한 의도를 가지고 표현된 것이라야 한다.

상황 분석을 분명히 하고 이에 대해 구체적으로 설명하는 것을 높이 평가한다. 이때 면접관은 면접자의 설명이 면접관 자신의 의견이나 태도와의 일치 여부를 확인하려고 하면 안 된다.

확인하다보면 "그것이 올바른 방법인가요?", "너무 상황을 쉽게 판단하는 경향이 있는 것 같아요" 등 전혀 면접관의 본분에서 어긋나는 언급을 하기 쉽다.

면접자가 면접관의 의도를 올바로 이해했는가에 중점을 두고 그 면접자의 이해 방식을 통해 면접자의 미래 행동을 예측하는 것이 면접관의 할 일이다.

사회 인식 경향

사회를 보는 관점은 한 사람의 인생관을 반영하는 아주 중요한 것이다. 그리고 이것은 앞으로 그 사람이 살아가는 방식과 관련된다. 사회적 이슈에 관심을 가지지 않고, 신문도 읽지 않으면, 자신의 생각을 꾸준히 키우지 않으면, 논리적이고 비판적인 사고를 할 수가 없다.

'의식화' 되지 않은 사람은 지나치게 감상적이 된다. 그러므로 하루에 신문을 보는 시간, 최근에 읽은 신문에서 가장 관심을 가진 기사, 구독 신문의 진보·보수 경향 파악 등등은 아주 중요한 질문이다. 이외에도 다음과 같이 표현할 수 있다.

▶ 스태그플레이션을 한국 경제와 연관해 말해보라
▶ 고유가가 건설경기에 미치는 영향은?

▶ 쇠고기 촛불집회를 어떻게 보나?

▶ 누리꾼들의 광고 불매는 어떻게 생각하나?

　지나치게 특정한 경향에 치우친 의사를 표명하는 것은 좋은 답이 아닐 수 있다. 이들에 대한 사실적인 접근을 한 후 자기의 의견을 표명하는 것이 좋다.

　면접관 역시 이러한 질문에 대해 자신의 의견과 일치 여부를 확인하고자 하는 정답 찾기를 하면 안 된다. 시사적인 문제에 대한 관심의 정도, 객관적인 분석정도에 대해 중점을 두어야 한다. 물론 이러한 사회인식의 문제에 면접관은 철저하게 중립성을 지켜야 한다.

직업관이나 직장관

　뚜렷한 직업관이나 직장관이 없으면 주변 요소들 즉 봉급이나 승진 등에 영향을 받아 이직을 하거나 직장에서의 업무 능력이 떨어질 수 있다. 이들을 파악하기 위해서는 다음과 같이 인코딩한다.

▶ 나에게 일확천금이 생긴다면?

▶ 당신이 희망하는 직종은?

▶ 상사와 의견이 다를 경우에 어떻게 하겠습니까?

▶ 입사 후 자신이 싫어하는 업무를 맡았을 때 어떻게 하겠습니까?

▶ 이 회사에 입사한다면 어떤 업무를 맡고 싶습니까?

▶ 당신에게 직업은 무엇입니까?

▶ 일과 개인 생활 중 어느 쪽을 선호하십니까?

▶ 당신의 특성을 일에서 어떻게 살릴 생각입니까?

▶ 입사 후 다른 사람에게 절대로 지지 않을 만한 것은?

▶ 회사에 대해 묻고 싶은 것은?

▶ 비즈니스 사회에서 가장 중요한 것은?

▶ 어디까지 승진하고 싶은지?

▶ 어떤 사람을 상사로 모시고 싶습니까?

▶ 첫 월급을 타면 어디에 쓸 것인지?

이러한 질문은 일할 의욕과 의지를 가지고 있는 사람인지 체크하기 위한 질문이다. 면접관은 면접자의 답에서 직업관, 인생관, 직장관을 찾으려고 노력해야 한다.

예를 들면 "첫 월급을 타면 어디에 쓸 것인가요?" 라는 질문에서 "꼭지가 돌도록 실컷 술을 마시면서 긴장을 풀고 내일에 대비할 것입니다"와 "화상 회의에 익숙해지기 위해 영어 학원에 등록하겠습니다"의 대답을 비교하면 면접자의 인생관, 직장관을 찾을 수 있다. 그런데 이러한 질문과 답이 사실은 뻔한 것이 되기 쉽다. 이 점에 대해서는 앞에서 얘기한 바 있다.

개인 스타일에 대한 인코딩

면접자는 개인마다 취향과 성격 등이 다 다르다. 이러한 개인적인 성향을 파악하기 위해서는 다음과 같이 인코딩한 질문이 좋다. 그런데 이러한 의도가 곧바로 다음과 같은 질문이 된다면 그것은 인코딩

의 기법을 나타낸 것이 아니다. 이들에 대해 다음과 같은 역시 면접
관의 중립성을 잃을 수 있는 질문이다.

▶ 출신학교 및 본인의 전공, 그리고 전공을 선택한 이유?
▶ 자신의 출신학교에 대해 말해보십시오.
▶ 어떤 면을 보고 친구를 사귑니까?
▶ 대학생활에서 얻은 것이 있다면?
▶ 제일 좋아하는 과목은?
▶ 친하게 지내는 친구는?
▶ 친구는 당신에게 어떤 존재인지?
▶ 친구들은 당신을 어떻게 보는지?
▶ 친구들에게 의논을 받는 편입니까?
▶ 자신의 인생 지표가 되는 사람이 있다면 그 이유는?
▶ 휴일에 시간을 어떻게 보냅니까?
▶ 기상 시간과 취침 시간?
▶ 최근에 읽은 책의 감상은?
▶ 신문은 어느 면부터 보는지?
▶ 최근에 흥미 있는 뉴스는?
▶ 존경하는 사람은?
▶ 당신의 생활 신조는?
▶ 건강관리를 위해 어떤 것을 할지?
▶ 지금 가장 원하는 것은?
▶ 당신의 성격은?
▶ 당신의 취미는?

▶ 친구가 많습니까?

▶ 당신의 개성은?

▶ 리더십이 있습니까?

▶ 협조정신이 있습니까?

▶ 생활신조는?

위와 같은 것은 너무 직접적이고 특별한 의도를 부호화한 것이 아니므로 구체적인 답을 유도하기 힘들다. 그러므로 적절하고 옳은 질문이 아니라고 할 수 있다. 질문이 구체적이지 않으면 특수화된 전문적인 답을 얻기 어렵다. 성격, 취미, 친구 여부 등은 다음과 같은 질문 방법을 통해 알 수 있다.

▶ 당신의 관리 스타일은?

▶ 경영 관리 면에서 어려웠던 상황 한 가지를 예를 들고 이때 어떻게 문제를 해결 했는지 말씀해 보십시오.

▶ 관리자로서 직원을 고용할 때는 어떤 점을 중요시합니까?

▶ 이전 직장에서 성취하지 못했던 목표와 그 이유는?

▶ 리더로서의 경험을 사례로 들어 말씀해 주십시오.

▶ 사람과 이야기하는 것을 좋아합니까?

▶ 지금까지 좌절감을 맛 본 적이 있습니까?

▶ 대인 관계를 잘 유지할 자신이 있습니까?

▶ 일을 시작하면 끝까지 합니까?

▶ 살면서 가장 기뻤던 경우와 슬펐던 경우에 대해 말씀해 주십시오.

▶ 자신에게 있어 가장 소중한 것은 무엇입니까?
▶ 타인의 입을 통한 본인의 평가는?
▶ 자신의 좌우명은?

개인적 스타일은 묻는 것은 지원자가 회사의 분위기와 문화에 맞는 지를 판단하기 위한 것이다. 면접관은 면접자의 답을 들으면서 지원하는 회사나 업무 분야에 적합한 성격인지, 성향이 맞는지 확인해야 한다.

이런 질문에서 면접자와의 '가십(gossip)'에 빠지기 쉽다. 그러면 삼천포로 간다.

즉 "리더로서의 경험을 사례로 들어 말씀해 주십시오" 같은 경우 "밴드에서 베이스 기타를 치는데…" 면접관은 베이스 기타를 잘 치는지, 언제부터 배우기 시작했는지, 소유한 악기가 어느 회사 제품인지, 소리를 잘 나게 하는 방법이 무엇인지 등으로 추가 질문을 하면 삼천포로 간다는 의미이다. 면접관이 베이스 기타 주자를 뽑는 것이 목적이 아니라면 말이다.

목표를 이루기 위해 지원자의 태도

면접자의 향후 미래에 대한 목표를 알기 위해 다음과 같이 인코딩할 수 있다.

▶ 5년(10년) 후의 당신의 비전은 무엇입니까?
▶ 지금부터 5년 뒤 당신은 무엇을 하고 있을까요?

▶ 지금부터 5년 후에 얻고 싶은 것이 무엇인가요?

▶ 인생에서 정말로 하고 싶은 것이 무엇인가요?

확고한 상·난기 목표와 그 목표를 이루기 위해 구체직인 행동의식을 알기 위한 질문이다. 면접관은 과거에 무엇을 했고, 앞으로는 무엇을 할 것인가를 구체적이고, 체계적으로 보여주는지 여부에 관심을 가지고 들어야 한다.

질문 내용에 한자어의 유래나 고사성어를 이용한 면접을 권하고 싶다. 다음과 같은 경험은 이러한 면접의 필요성을 잘 나타난다. 어느 은행원의 고백이다.

"제가 입사할 때 면접관이 '역지사지(易地思之)에 대해 질문을 하셨어요. 그 당시는 대답하기에 급급했는데 근무하면서 왜 역지사지에 대해 질문했는지 실감이 납니다. 상대편의 처지나 입장에서 먼저 생각해 보고 이해하라는 뜻의 역지사지를 내가 이 은행 고객이라면 하고 입장을 바꿔서 생각할 때가 많습니다. 바로 주인의식을 가지게 되고 고객의 입장을 이해할 수 있게 되더군요"

그는 고객의 마음을 읽는 것도 은행 업무에선 빼놓을 수 없다고 한다.

"지금까지 은행은 대부분 상대 졸업자가 당연히 취업을 했으나 앞으로 은행 업무는 심리학 전공도 필요하다는 생각을 합니다. 고객을 공감시키고 고객을 더 빨리 파악해서 고객의 마음을 사로잡는 전공이 심리학 아닐까요. 또 최고 은행이 되려면 예금을 얼마나 유치했느냐가 아니라 얼마나 은행과 고객이 가족같이 지내는가에 달려있다고 봅니다. 가족은 어떠한 경우에도 등을 돌리지 않습니다. 따라서 은행에서 가장 중요한 것이 바로 가족 같은 고객 관리라고 생각합니다"

고사 성어를 이용한 면접이 갖는 장점은 다음과 같다.

> ▶ 뻔한 질문에 대한 뻔한 답을 막을 수 있다.
> ▶ 의사 소통 능력을 올바로 파악할 수 있다.
> ▶ 순발력, 응용력 등을 파악할 수 있다.
> ▶ 이들을 키워드로 하여 삶을 논의하게 할 수 있다. 고사 성어의 유래나 뜻을 주고 (안 알려주면 모르니까) 그와 관련된 삶의 경험이나 가치관을 적용하게 한다.
> ▶ 어휘나 유래를 적용하는 방법의 옳고 그름을 통해 통(通)하는 능력을 알 수 있다.
> ▶ 영어로 번역하도록 하여 살아 숨쉬는 영어 실력을 판단할 수 있다.
> ▶ 관련된 상황을 현재적으로 재해석하게 할 수 있다.
> ▶ 면접의 막막함을 막고 면접자의 철저한 준비나 가식을 털어버릴 수 있다.
> ▶ 가이드 라인을 만들 수 있다.
> ▶ 고사성어는 성격, 현재 상황, 고난 극복, 문제해결력 등 다양한 상황에 적용할 수 있다.

이처럼 고사성어를 이용한 면접은 여러 면에서 장점을 지닌다. 특히 무엇보다도 면접의 구조화 측면에서 본다면 미리 준비해야 하고, 구조화를 객관화 시킬 수 있다는 장점이 있다.

면접관이 특정 단어와 그 유래를 설명하면 의욕 있고 열의가 있는 면접자는 열심히 들을 것이다. 그러므로 듣기 능력도 파악할 수 있다. 듣기 능력은 그냥 듣는 것이 아니다(hearing). 무슨 뜻인지 파악하면서 듣는 것이다(listening). 회사 업무 처리 능력에서 듣기 능력의 중요성은 여기에서 새삼스레 언급할 필요가 없다.

면접관이 단어의 뜻을 설명하거나 유래를 설명했는데 (면접관마다 하나씩만 미리 외고 가면 되니까 그리 큰 부담은 되지 않는다) "무슨 말인지 모르겠는데요?", "저 아직 뜻을 파악하지 못했어요", "저 한자(漢字)는 잘 몰라요"라고 하는 면접자는 순발력이 떨어짐을 나타낸다. 뿐만 아니라 열의 혹은 상황 대처 능력이 없다는 것을 파악할 수 있다.

특정 단어를 주면서, 그 단어의 유래와 관련된, 유래를 읽고 자신의 이러한 경험을 제시해본다. 해결 방법은 아니고 문제 상황을 보는 것이다. 이를 통해 사람의 성품이나 살아가는 방향 등을 알 수 있다. 상황만을 제시하게 한다. 꾸밀 수 없다. 진솔한 답을 하여 사람 됨됨이를 올바로 알 수 있다. 그리고 단어를 자신의 삶이나 경험과 관련짓는 것을 통해 의사 소통 능력을 파악할 수 있다.

또한 이들 단어들에 대해 영어로 번역하도록 하면 직독직해를 하는 면접자와 의역을 하는 면접자가 있어 그들의 영어 실력도 파악할 수 있다. 이러한 면접 방법은 인내심이 없고, 달달 외운 면접자들에게 '가치관이 무엇입니까' 하고 묻는 것과는 다르다는 것을 알 수 있다. 이것은 한자어 시험, 국어 능력 시험, 영어 면접보다도 훨씬 타당도나 신뢰도가 높을 것이다.

이제 몇 몇 예를 들어 설명하기로 한다.

效矉(효비)

서시(西施)라는 미인이 월(越)나라에 있었는데, 가슴앓이 병이 있어 늘 기침을 하느라 얼굴을 찡그렸습니다. 그 옆집에 추녀가 살았는데, 서시가 얼굴을 찡그려 예쁘다고 여겨 얼굴을 찡그리는 모습을 흉내 내니, 못난 얼굴이 더욱 밉게 되었다고 합니다.

질문 : • 이런 이야기의 주제는 무엇일까?

　　　• '미' 가 무엇이라고 생각하나?

의도 : • 잘못된 것을 배워 더욱 나빠졌다는 의미의 단어 유래를 통해 학습태도, 학습의 지향점, 목표 등을 파악할 수 있다.

효과 : 외모와 내용에 대한 가치관을 알 수 있다.

破竹之勢(파죽지세)

중국 삼국시대를 위(魏)나라를 대신하여 진(晉)나라를 세운 무제(武帝)가 촉한(蜀漢)을 멸망시키고 오(吳)나라를 공격할 때 그 기세가 대나무를 가르는 듯한 기세를 가르키는 말입니다.

질문 : • 이 뜻을 다시 한 번 간략하게 요약해보자.

      • 이러한 기세로 일한 경험이 있나?

의도 : • 일이 매우 쉽고 빠르게 진행된 경험을 통해 진취력을 파악하게 한다.

      • 요약 능력을 알게 한다.

효과 : 이를 통해 면접자의 듣기 능력, 표현 능력을 알 수 있다.

      신바람나게 일한 자세를 알 수 있다.

畵龍點睛(화룡점정)

중국 고대의 그림을 잘 그리는 한 승려가 절의 벽에 용 네 마리를 그리는 데, 모두가 살아 움직이는 듯 하였지만 눈동자를 그리지 않았습니다. 사람들이 그 이유를 묻자 그 승려는 눈을 그리면 용이 다 날아간다고 하였지만, 사람들은 그 말을 믿지 않았습니다. 이에 그 승려가 두 마리의 용에 눈을 그려 넣기 시작하자, (갑자기 번개가 치고 우레가 울리더니 벽에 금이 가면서 용이 날아가 버렸고, 눈을 그리지 않은 두 마리만 남아 있게 되었다고 합니다.)

질문 : • (   ) 안을 생략하면서 '눈을 그려 넣기 시작하자' 어떤 변화가 있을까?

      • 이런 상황과 관련된 자신의 경험을 말해 보자.

의도 : • 글을 읽거나 글을 지을 때 한 두 마디 긴요한 말로 중심 내용을 포착한다는 낱말뜻에 비추어 사물에 대한 키 포

인트 잡는 법 등을 알 수 있다.

효과 : (　　) 채우기를 통한 순발력, 창의력 테스트

畵虎類狗(화호류구)

중국 고대 伏波將軍(복파장군)이 조카들을 훈계하는 편지에서 백조를 그리면 오리는 그릴 수 있지만 범을 그리려다가는 개를 그리게 될 것이라 한 데서 유래합니다.

질문 : • 만약에 범을 그리려다 개를 그리게 되었을 경우 그 그림 처리를 어떻게 하면 좋을까?

• 호랑이를 그리려다가 개를 그리고만 자신의 경험을 말해 보자.

• 그 기분을 표현해 보자.

의도 : • 지나치게 높은 것을 바라다가 웃음거리가 된다는 뜻과 관련하여 절제력이나 삶의 경계선 긋는 태도를 알 수 있다.

• 삶에 대한 긍정적, 부정적 태도를 알 수 있다.

효과 : • 어려움 극복 과정을 알게 할 수 있다.

• 다른 것도 마찬가지이지만 이러한 것을 영어로 번역하게 하면 영어 능력은 물론 상황을 재해석하는 능력을 엿볼 수 있다.

다른 사람의 胎(태)를 빼앗아 다시 태어나 평범한 骨格(골격)을 바꾸어 신선의 골격으로 바꾼다는 뜻입니다.

질문 : • 단어와 관련된 경험을 말하게 하여 면접자들의 과거 어려움 극복 양상을 알게 한다.
　　　 • 이 상황과 잘 어울렸던 상황을 말하게 하여 자신의 삶과 이 단어를 관련짓게 한다.
의도 : 생활 태도나 사고 방식 등을 완전히 바꾼 계기 등을 알 수 있다.
효과 : 어려움 극복 방법, 자제력 등을 알 수 있다.

春秋時代(춘추시대) 吳(오)나라의 임금 夫差(부차)가 越(월)나라를 공격하여 월나라가 거의 망하였습니다. 월나라의 임금 句踐(구천)이 침대 위에 풀을 깔고 쓸개를 맛보면서 復讎(복수)를 위해 노력한 끝에 10년 만에 다시 오나라를 멸망시켰다는 데서 유래했습니다.

질문 : • 면접자들의 삶의 경험과 연관 시킨다.

• 고등학교 때 성적과 관련하여 이런 경험이 있나?

의도 : 풀 위에 누워 자고 쓸개를 맛본다는 말로, 잘못된 과거를 잊지 않고 다시 일을 이루기 위하여 노력한 자세를 알 수 있다.

효과 : 문제 해결 능력, 인내심 등을 알 수 있다.

靑出於藍(청출어람)

『荀子(순자)』에 "靑色은 쪽풀[藍]에서 나왔지만 쪽빛보다 푸르고, 얼음은 물이 그것으로 된 것이지만 물보다 차다."는 데서 나온 말입니다.

질문 : 이런 말을 들어본 경험이 있는지 혹은 자기 스스로가 그렇다고 생각하고 있는지?

의도 : 제자가 스승보다 뛰어나다는 말에서 지원자의 학습 진행 속도나 경험을 알 수 있다.

효과 : 이를 통해 지원자의 아이디어 생산 능력, 창의성, 학습 진도 상황을 알 수 있다.

他山之石(타산지석)

다른 산에 있는 돌이라는 말인데, 『詩經(시경)』에 다른 산에 있는 돌로 옥을
가공할 수 있다고 한 말에서 비롯하였습니다.

질문 : 내 삶에 있어 타산지석이 된 사람에 대해 설명해 보자.

의도 : 남의 힘을 빌어 자신의 과오를 수정한 경험을 알게 한다.

효과 : 약점을 극복하는 방법

　　　삶에 대한 긍정적 자세 등을 알게 한다.

　　　면접자 주변 사람들에 대해 알 수 있다.

切磋琢磨(절차탁마)

『시경』에 나오는 말로, 옥 原石(원석)을 다듬어 보배로 만든다는 말인데, 학
문의 도야나 인격의 수양에 정진한다는 뜻으로 쓰입니다.

질문 : • 이 단어의 유래와 관련하여 면접자는 과정과 결과 중 어
　　　　떤 면이 더 중요하다고 여기는가?

　　　• 공부를 열심히 했는데 성적이 별로였던 적이 있나?

　　　• 그때 기분이 어땠나?

의도 : 과정을 중시하는 자세를 알 수 있다.

효과 : 평소의 면접자의 삶의 태도를 알게 된다.

樂山樂水(요산요수)

『論語(논어)』에 "어진 이는 산을 좋아하고 지혜로운 이는 물을 좋아한다(仁者樂山, 知者樂水)"는 말에서 유래한 단어입니다.

질문 : • 이 단어의 뜻에 대한 면접자의 생각은?

• 산과 물 중 무엇을 더 좋아하는가?

• 이들보다 더 좋은 개인 취미는 무엇인가?

• 이 단어에 산과 물 대신 다른 단어를 넣어보고 설명해 보자.

• 왜 어진 사람은 산을 좋아한다고 표현했을까?

의도 : 취미 생활을 알게 한다.

효과 : 면접자의 취미 생활에 대한 물음은 아주 중요하다. 회사의 내용과 관련이 있을 때 아주 좋다.

葛藤(갈등)

칡과 등나무 넝쿨이 서로 얽힌 것을 이르는 말에서 유래된 단어로 목표나 이해 관계가 서로 달라 조화를 이루지 못하는 것을 의미하는 말입니다.

질문 : 이와 관련된 자신의 과거의 경험이나 현재의 상황을 기술해
보자.

의도 : 갈등 상황을 올바로 제시하고 있는가. 그 갈등 상황이라는
것이 발전지향적인 것이며, 해결할 수 있는 능력 여부를 알
수 있다.

효과 : 문제 해결력을 알 수 있다.
갈등 상황을 해결하는 면접자의 인간 됨됨이를 파악할 수
있다.

更張(경장)

거문고의 줄을 풀어 새 것으로 바꾼다는 새롭게 개혁하다는 뜻이다. 董仲
舒(동중서)라는 사람이 漢(한)나라를 세웠는데 秦(진)나라의 제도를 그대로 따
를 수가 없으므로, 마치 거문고 줄이 낡아 소리가 잘 나지 않으면 줄을 풀
어 새것으로 바꾸어야 한다는 유래를 지니고 있습니다.

질문 : • 요즘 지원자의 가정이나 사회 혹은 관심이 있는 분야에서
이러한 것을 해야 하는 분야가 있다고 생각하는가?
• 어떤 분야인가. 왜 그런가. 혹시 우리 회사에서 그러한 점
이 있다고 본 것은 무엇인가?

의도 : 사회 관심도나 비판력을 알 수 있다.

효과 : 새로운 눈으로 기존의 제도를 볼 수 있는지를 파악할 수 있다.

닭의 갈비살은 먹을 것이 없지만 버리기는 아까운 것을 가리키는 말로 쓰입니다. 조조가 유비를 공격하기 위해 한중(漢中)에서 머물고 있을 때 부장이 암호를 무엇으로 할지 묻자 조조는 닭고기를 먹던 중인지라, '계륵'이라 답하였습니다. 이 말을 들은 다른 장교가 닭의 갈비살은 먹을 것이 없지만 버리자니 아까운 것이므로, 공격하자니 이기지 못할 것 같고, 물러나자니 체면이 서지 않은 조조의 마음이 담긴 것이라 해석하였습니다.

질문 : • 이런 상황을 경험한 적이 있는가?

      • 우리 회사의 '계륵' 같은 것은 무엇이라고 여기는가?

의도 : 버리기는 아까워 쥐고는 있지만 정작 쓸모는 별로 없는 것들을 생각하게 하면 지원자의 태도나 삶의 여력을 추측할 수 있다.

효과 : • 절제력이나 결단력을 파악할 수 있다.

      • 회사에 대한 준비 정도까지 파악할 수 있다.

북을 쳐서 춤을 추게 한다는 말에서 유래하여 격려나 진작의 뜻으로 사용됩니다. 鼓吹(고취)도 비슷한 뜻인데, 북을 두드리고 피리를 분다는 말에서 선양의 뜻이 생겼습니다.

질문 : • 실망에 빠진 사람이나 상황을 고무시킨 적이 있는가?
　　　 • 어떤 방법으로 했는가? 그 결과는?
의도 : 삶에 대한 긍정적, 협력적 태도를 알 수 있다.
효과 : 구체적인 진술 방법을 알 수 있고 성격이나 상황 대처 능력
　　　 등을 알 수 있다.

우리 속담의 우물 안 개구리에 해당하는 사자성어입니다. 우물에서 별을 본다는 말로, 『尸子(시자)』라는 책에 "우물 안에서 별을 보면 보이는 별은 몇 개 되지 않지만, 언덕에 올라 바라보면 비로소 별이 많은 것을 알게 된다"고 설명합니다.

질문 : 자신이 우물 안 개구리라고 느낀 적이 있는 경험을 말하게
　　　 한다.
의도 : 이것은 이미 자신을 한번 관찰했다는 의미가 되므로 큰 세
　　　 계를 보았다는 의미가 된다. 지원자의 삶의 터닝 포인트를
　　　 알 수 있다.
효과 : 고난 극복 혹은 자신의 환경을 뛰어넘으려는 의지가 있는
　　　 사람을 파악할 수 있다.

龜鑑(귀감)

거북은 길흉을 점치고 거울은 미추를 분별하는 도구로 사용된 것에서 생긴 말로, 본받을 만한 모범을 이릅니다.

질문 : • 자신이 남에게 귀감이 된다면 어떤 점이 있는가?
　　　　• 누가 자신의 귀감이 되는 인물인가?

의도 : 지원자의 모범적 태도를 알 수 있다.

효과 : 주변 인물과의 관계, 지원자의 희망 사항, 취미 등 개인 스타일을 파악할 수 있다.

杞憂(기우)

쓸데없는 근심을 이르는 말. 중국 고대 기(杞)라는 나라에 하늘이 무너지고 땅이 꺼지면 몸을 의지할 데가 없어질 것이라 근심하여 침식을 잊은 이가 있었습니다. 하늘은 기가 쌓인 것이므로 무너질 우려가 없다고 어떤 사람이 깨우쳐 주자, 그는 다시 하늘이 무너지지 않는다 하더라도 해와 달, 별이 떨어질까 걱정하였습니다. 다시 해와 달, 별 역시 기 가운데 빛이 나오는 것일 뿐이므로 떨어진다 하더라도 다칠 염려가 없다고 깨우쳐 주었다. 그는 다시 땅이 꺼질 것을 근심하니, 다시 땅은 흙덩이가 쌓인 것이라 꺼지지 않는다고 일러주었습니다.

질문 : 이런 경험은?

의도 : 면접자의 걱정 여부 강박증 등을 체크할 수 있다.

효과 : 정신병적인 증세를 알 수 있는 부분이다.

질문 : 이런 경험은?

의도 : 면접자의 걱정 여부 강박증 등을 체크할 수 있다.

질문 방법의 구조화

'무엇을'이 결정되었다면 이제는 '어떻게'의 문제에 대해 생각해보아야 한다. 다시 말해 질문할 내용을 정했고, 이것을 다양하게 표현하는 방법(즉 인코딩 방법)을 결정한 다음에는 이들을 '어떻게' 질문할 것인가에 대해 살펴보아야 한다.

앞에서 든 예를 통해 다양한 질문 방법에 대해 살펴본다.

다양한 질문 방법

▶ 경영 관리 면에서 어려웠던 상황 한 가지를 예를 들고 이때 어떻게 문제를 해결 했는지 말씀해 보십시오.
▶ 경영 관리 면에서 어려웠던 적이 있습니까?
그때 문제 해결 방법으로 무엇을 제시했습니까? 효과적이었습니까?
▶ 왜 경영 관리가 어려워졌습니까?
▶ 경영관리를 할 때 어려운 점에 대해서 切磋琢磨(절차탁마)한 경험을 과정을 중심으로 말씀해 보시죠.

동일한 내용을 질문하는 방법은 위에 제시한 예처럼 다양하다. 동일한 내용이라도 어떻게 질문하는가 하는 질문 방법은 면접자의 답변 내용과 관련되므로 중요하다.

이 장에서는 크게 닫힌 질문(Close Question)과 열린 질문(Open Question)으로 나누어 기술하기로 한다.

게임 회사에서 프로그래머를 뽑는 데 있어 면접자의 게임을 대하는 태도를 다음과 같이 질문할 수 있다.

 닫힌 질문(Close Question)의 예

"게임을 좋아해요?"
"어렸을 때 게임하면 부모님이 싫어하셨어요?"

 열린 질문(Open Question)의 예

"게임할 때 기분이 어때요?"
"게임을 하면 부모들은 어떤 반응을 보이셨죠?"
"어떤 게임을 좋아하나요?"

열린 질문은 위의 예에서 볼 수 있듯이 '어때요', '어떤', '무엇을', '얼마나', '어디에서', '얼마나 자주' 등으로 묻는 것이다.

닫힌 질문(Close Question)이란 특별히 고안된 질문이다.

예스(Yes) 노(No)만으로도 그 질문의 의도를 충분히 해결할 수 있는 것이다.

"신문 사설을 매일 읽으시나요?"
"이전 직무가 재미있었습니까?"
"상사와 잘 지냈습니까?"

열린 질문(Open Question)은 주제에 대해 더 말할 수 있다. 열린 질문으로는 긴 반응을 이끌어 낼 수 있다. 구체적이고, 특수한 인터뷰일수록 열린 질문을 사용한다.

"자신이 가장 좋아하는 신문 칼럼은 무엇인가요?"
"현재 직무에서 당신이 하는 일에 대해 말씀해 주십시오"
"대인 관계에 있어 짜증나게 하는 사람을 당신은 어떻게 대하십니까?"

'너는 집에 가는 도중에 어떻게 결심했니?'와 '집에 가는 중에 결심했니?' 이 두 질문은 의도가 다르다. 이것은 바로 닫힌 질문과 열린 질문의 차이에 근거한다.

열린 질문에서 때로는 이보다 구체적으로 질문을 만들 수도 있다. '무엇', '언제', '어떻게' 보다 더 구체적인 것으로 질문할 수 있다.

예를 들어 보자.

"자신이 가장 좋아하는 신문 칼럼은 무엇인가요?"
"현재 직무에서 당신이 하는 일에 대해 말씀해 주십시오"

"대인 관계에 있어 짜증나게 하는 사람을 당신은 어떻게 대하십니까?

이러한 질문들은 다음과 같이 보다 구체화 될 수 있다.

"자신이 가장 좋아하는 신문 칼럼에 대해 XX일보의 △△△칼럼과 비교했을 때 차이가 무엇입니까?"
"자신이 가장 좋아하는 신문 칼럼을 읽으면서 어떤 생각을 하시나요?"
"대인 관계에 있어 짜증나게 하는 사람을 당신은 무엇을 기대하면서 참아주는가?
"현재 직무에서 당신이 하는 일을 미래 기대하는 일과 비교했을 때 차이가 무엇이라고 생각하나"

열린 질문을 하는 경우 "나는 누구의 신문 사설이 좋다고 생각하는데 당신은 어떠신가요" 등과 같은 것을 면접관의 편견을 수반하므로 지양해야 한다.

이처럼 면접의 구조화 과정에서는 질문 방법을 미리 생각해두는 것이 필요하다. '열린 질문'과 '닫힌 질문' 외에도 다음과 같은 것을 생각할 수 있다.

즉, 질문을 하는데 '과거'의 경험, '현재'의 상태, '과거의 경험과 현재'와 관련 등 어디에 중점을 두어야 할까 생각해 보아야 한다.

"이전에 이러한 프로젝트를 한 경험에 대해 말해주세요"
"앞으로 프로젝트 할 계획을 말해 주시죠"

"이전에 어려운 상황이 닥쳤을 때 해결한 방법을 말씀해 주시죠"
"…한 상황에서 어떻게 행동하시겠습니까"

흔히 역량면접(Competency Bascd Inteiview)이나 행동 중심 년섭(Behavior-based Iinterview Behaviorally-based Criterion Interview), 규격화된 행동 기술 면접(Patterned Behavioral Description Interview) 등에서는 질문이 면접자들의 과거 행동에 집중한다.

즉 '과거에 어떻게 했는가' 에 대해 물어서 그것을 통해 현재나 미래의 행동을 미루어 짐작하고자 하는 것이다. 이처럼 과거 행동으로 미래 행동을 예측하여, 특정 상황에서 취한 면접자의 대응방식을 토대로 행동 패턴과 역량을 파악한다.

따라서 면접의 초점은 면접자의 지식이나 의견보다는 '과거의 특정 상황에서, 무슨 행동을, 왜 했는지' 에 맞춰진다. 그러나 이러한 질문 방법은 사람들이 미래의 성공을 위해 필요한 것이 무엇인지에 대해서는 제시해 주지 못한다. 왜냐하면 과거에 효과적이었던 것이 혹은 과거의 성공이 현재 혹은 미래에도 동일하게 나타난다고 보기 어렵기 때문이다.

면접관들은 면접자의 행동방식을 토대로 일에 대한 그의 관점을 판단한다. 예를 들면 '열심히 일하는 모습' 을 질문하는 이유는 일 중독자이면서도 생활비를 벌기 위해 일하는 게 아니라, 일 자체를 즐기는 직원을 뽑기 위해서다.

의견 제시 면접(Opinion Based Interview)은 가정 상황에 대한 의견을 물어 보는 방식이다. 그러나 이는 면접자의 상상력에 의한 답변을 유도하기 쉽기 때문에 이 점에 유의해야 한다.

이들 유형에서는 일정한 질문 패턴을 만들고 이에 대한 대답을 분석하여 면접자의 역량을 파악하는 것이다. 대개의 전통적인 면접이 이러한 질문 방법을 택한다.

그러므로 질문 방법은 상황에 따라 결정해야 할 필요가 있다. 모든 질문이 현재의 면접자의 역량을 파악하는데 집중해야 하므로 과거의 경험과 현재 혹은 미래의 모습을 연관 짓도록 질문해야 한다.

이를 위해서는 구체적이고 현재와 관련을 짓는 질문을 해야 한다. 구체적인 질문이란 특정 상황에서 특정한 일을 양적으로나 질적으로 표시할 수 있는 질문이다.

"화난 고객에게 어떻게 대할 건가요?"와 같은 전통적인 인터뷰 질문은 옛날이야기를 하는 것과 같은 것이다. 거기에 상상력을 가미해서 재밌는 이야기를 만들어 주면 된다.

이처럼 전통적인 면접에서 질문이 갖고 있는 문제는 양측 모두 게임 방식을 너무 잘 알고 있다는 것이다. 그러므로 면접관과 면접자 모두가 안전한 대답을 한다. 그리고 면접관은 면접 응시자의 대답을 믿지 않으면서도 만족스러운 답변을 들은 듯 고개를 끄덕여야 한다.

취업 면접에서 질문 내용은 대개 정해져 있다. 이밖에 최근의 사회, 정치, 국제 등에서 발생한 사회적 이슈를 질문하는 '시사형'이나 예기치 않은 질문이나 지원자의 신경을 건드리는 질문을 던져 반응을 살피는 '황당형' 질문도 면접 때 단골로 등장한다.

이런 뻔한 것을 방지하기 위해 다양한 면접의 유형을 택한다. 면접 유형이 달라지면 질문 방법이나 내용도 달라진다. 이에 대해서 살펴보기로 한다.

면접 유형에 따른 질문 방법

어떤 면접 유형에서 어떤 질문을 하든지 모두 면접관은 항상 면접자가 혹은 지원자가 이 회사(학교, 직장)에 들어와서 무엇을 할 수 있는가? 즉 일을 감당할 수 있는 능력 혹은 역량 여부를 파악하는데 집중해야 한다.

면접 유형과 질문 내용

▶ 우리 회사에 필요한 블루오션 전략은 무엇이라고 생각하세요? (일반 면접)

▶ 우리 회사에 필요한 블루오션 전략을 발표하시오. 혹은 성과급(인센티브)제 도입에 관한 생각을 30분간 발표할 내용을 준비하여 10분 이내에 발표하시오. (프리젠테이션 면접)

▶ 영어 몰입 교육의 긍정적인 면과 부정적인 면을 발표하시오. (토론 면접)

이처럼 질문 방법과 내용은 면접 유형에 따라 결정된다. 먼저 일반 면접에서의 질문 내용 구조화에 대해 살펴보자.

면접관과 지원자가 일 대 일로 대면하는 개별 면접에서는 면접관이 지원자를 다각도로 심층적으로 평가하는 경향이 있다. 자연스러운 대화와 질문을 통해 지원자의 많은 답변을 요구하므로 주의력을 잃지 않도록 해야 한다. 특히 질문에 대한 답변이 지나치게 길어지거나 산만해지지 않도록 면접관이 조절해야 한다. 이러한 면접은 경력사원이나 특별한 기술이나 능력을 필요로 하는 인재 면접 시 사용하며, 후보자를 정확히 파악하기 좋은 방법이나 시간이 많이 걸리는 단점이 있다. 이러한 면접에서는 개인의 특성과 관련된 질문을 한다. 개별적이고 특수한 질문도 가능하다.

한 명의 면접관이 다수 지원자의 면접을 진행하는 일 대 다 면접에서는 동일한 질문이 다수의 지원자에게 동일하게 주어지는 경향이 있으며, 지원자들을 비교 평가하게 된다. 이러한 면접 형태에서 면접관은 다른 지원자들의 의견도 경청하는 태도를 살펴 평가한다. 그런데 동일한 질문을 여러 면접자에게 던지므로 대답 순서에 따라 득이 되기도 하고 실이 되기도 한다. 동일한 답변이 나올 수 없는 보편적 질문을 한다. 개인의 특성과 관련된 것은 자제한다. 질문 내용 구성에 많은 주의가 필요한 면접 방법이다.

다수의 면접관이 한 명의 지원자를 면접하는 다 대 일 면접에서는 각 면접관들에게 다방면의 질문이 두서없이 나올 수 있다. 이를 통해 지원자의 다양한 측면을 평가하고 순발력과 순간 대처능력을 평가하기도 한다. 이러한 면접은 개인의 특성이 최대한으로 발휘될 수 있도록 하는 방법이다. 다양한 질문을 통하여 후보자에 대한 여러 가지 정보를 얻을 수 있으나 후보자가 긴장하는 경우 실력을 발휘하지 못할 수도 있다. 이러한 면접에서 면접관마다 질문할 내용을 미리 나누는 것이 좋다. 그리하여 특정 면접관이 질문을 주도하지 않도록 한다. 또한 면접관마다 서로 다른 영역을 질문하는 방법을 고안해야 한다.

다수의 면접관과 다수의 지원자가 참여하는 다 대 다 면접유형에서는 주로 실무진 면접(1차 면접)에서 많이 응용된다. 자연스러운 대화를 통해 지원자의 업무 경험이나 업무 스타일을 평가하게 되며, 다수 지원자들의 비교에 의한 평가를 하는 경향이 많다. 다소 산만한 분위기에서 면접이 진행될 수 있으므로 긴장이 풀어져 집중력이 떨어지지 않도록 주의해야 한다. 일 대 다 면접에서처럼 지원자들을 비교 평가하는 경향이 있으므로 면접자들 각자가 의견을 명확하게 제시할 수 있는 질문을 해야 한다. 지원자들의 의사 소통 능력, 듣기 태도 등을 비교할 수 있다. 시간 소모가 적다는 장점이 있다. 그러나 지원자 개개인에 대한 다양한 정보를 얻기 힘들다는 단점이 있다. 면접관마다 질문할 내용과 면접관이 질문 할 면접자를 배당해 놓는 것이 좋다.

면접관이 지원자의 입사 지원서를 보지 않고 진행하는 블라인드 면접에서는 다양한 선입관을 배제한 상태에서 지원자 개인을 평가하게 된다. 이 면접에서는 지원 분야에 적합한 자신의 역량의 강점을 부각시킬 수 있도록 질문 내용을 구성한다. 특히 과장된 답변을 선별해 내는 데 유의한다. 이런 면접에서 개인의 특성이 나타날 수 있는 질문을 하지 않아야 블라인드 면접의 장점을 살릴 수 있다. '어느 동네 살아요?', '졸업한 학교가 어디에 있었어요?' 등과 같은 질문은 블라인드 면접에서는 의미가 없다.

토론 면접은 후보자 여러 명에게 하나의 과제를 주고 토론을 벌여 그들의 리더십, 판단력, 설득력, 성실성, 책임감 등을 평가하는 방법이다. 그러나 토론 기술에 익숙치 못한 사람은 그 인물의 장점이 토론 속에 가려지는 경우가 있으므로, 개인 면접과 병행해야 좋다. 찬·반이 분명하게 나타나는 질문(주제)을 주어야 한다.

프리젠테이션 면접에서는 PPT 화면 구성을 하기 쉬운 주제를 주어야 한다. 그리고 그 화면을 활용하여 면접자의 의견을 분명하게 나타내는 주제를 선정하는 것이 필요하다.

질문 대신 일정한 미션을 주는 면접도 있다. 그러나 이 역시 미션이 하나의 의도로 인코딩화 되었다는 것을 염두에 두어야 한다.

식품회사에서는 '요리 면접'을 진행하고 있다. 한 조에 4~5명씩 구성돼 주어진 재료를 활용해 2시간 동안 요리를 만드는 과정이 핵심이다. 조원들은 회의를 통해 요리의 주제와 역할을 나눈다. 요리를 만드는 동안 면접관은 팀워크 및 개개인의 성격과 특징을 체크한다.

이런 면접은 요리를 잘하느냐가 중요한 게 아니라 만드는 과정에서 지원자의 성품이나 역량 등을 자연스럽게 알아보기 위한 것이다.

이러한 면접에서는 지원자의 잠재 능력과 인성·윤리 의식·리더십·창의력 등이 모두 드러나게 된다. 그러므로 면접관들이 인내심을 가지고 이들에 집중하여 살펴 보는 자세가 요구된다.

'비어(beer) 면접'도 있다. 맥주를 마시는 자유로운 분위기에서 깊고 솔직한 대화를 나눌 수 있다. 이러한 이색 면접에서 면접관은 분위기에 끌려 다니지 않으면서 면접의 목적과 면접에서 필요로 하는 인재 선발에 중점을 두어야 한다.

이러한 이색 면접은 지원자들의 지원 동기, 개인 강점 등을 알고자 하는 것이다. 회사는 업무에 대한 관심도나 인성 등을 더 깊이 파악할 수 있는 장점이 있다. 인사 담당자는 '입사 후 적응 문제, 조직 융합 등에 면접이 긍정적으로 나타나고 있다'며 '다소 독특한 면접 과정이다 보니 회사 이미지를 높이는 효과도 있다'고 언급한다. 이러한 이색 면접은 그동안의 틀에 박힌 질문에서 벗어나기 위한 노력으로 나타난 것이다.

4장

면접하기

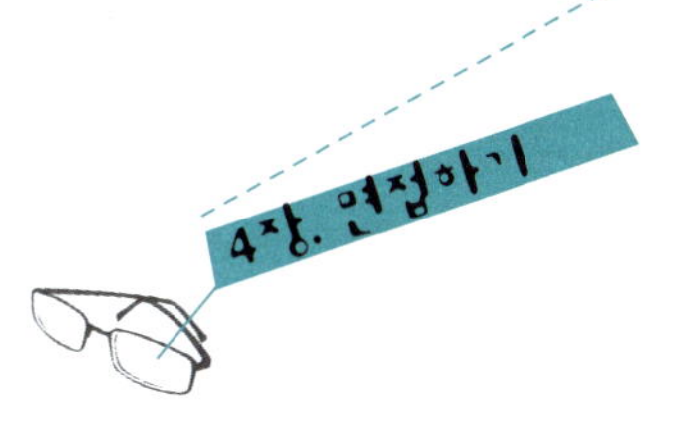

　　　　이 장에서는 면접 과정에 대해 논의한다. 면접관은 자기 소개서 등을 통해 사전 준비 작업을 한다. 질문할 내용과 방법 등에 대해 준비한다. 이제 실제로 면접한다. 미리 어떤 내용을, 어떻게, 질문할 것인가에 대해 논의한 후 구체적으로 면접자를 만나 질문하고 답하고 하는 과정이다.

흔히들 면접이란 경직된 것이고, 면접관은 높은 사람이며, 면접관의 생각한 의견에 정답을 말해야 하는 것이라고 여긴다. 그런데 이런 생각을 지니고 있다면 면접은 올바로 진행될 수 없다. 따라서 면접의 목적도 이행할 수 없다.

면접관 역시 하나의 질문을 하고 답을 듣고 그것으로 '땡' 하면 아무런 의미가 없다. 추가질문을 통해 역량을 파악할 수 있도록 해야 한다.

봉사 활동을 언제 했나요? – 대학교 때 했습니다 – 주로 어디에서 했나요? – 맹학교에서 했습니다 – 그곳에서의 봉사했던 경험이 현재 이 일에 어떻게 도움이 될까요?

▶ 이러한 면접 과정에서 면접관은 무엇을 할 것인가?
▶ 어떤 목소리로 말을 해야 하는가?
▶ 추가질문을 할 때는 어떤 방법을 택해야 하는가?

이들에 대해 살펴보고자 한다.

면접의 시작에 되도록 어떤 방법으로든 (면접 대기실에서도 좋고, 서면으로도 좋고, 아니면 실제로 면접관이 면접자 앞에서 말해도 좋고) 면접관 스스로를 소개하는 것이 좋다. 이름표를 달아도 좋고 구두로 자신을 설명하여도 좋다.

면접이 얼마 동안 진행될 것인가에 대해 알려주어야 한다.

면접의 구조에 대해 설명해 주어라.

공정한 평가를 위해서 기록을 한다는 것을 말해 주어라.

지원자들이 이해하는지 여부를 체크하라.

지원자들이 준비가 되었는지 물어보아라.

상호 의사 소통을 하면서 면접을 하기 위해 면접관은 다음과 같은 점에 유의해야 한다.

면접관과 면접자는 동일 주제에 대해 서로 이야기를 나누는 행위가 되어야 한다. 면접은 면접 시간 동안에 면접자가 가진 가치관 등에 대해 면접관과 서로 대화를 나누는 것이다. 면접관은 그 이야기를 들으면서 요즘 면접자의 경향을 파악하고 새로운 정보도 얻을 수 있다. 이제 이들을 몇 몇 항목으로 나누어서 살펴보기로 한다.

들으면서 요약을 하자

　　면접관은 면접을 진행하면서 질문에 대해 답을 하는 면접자의 말을 경청하고, 면접자의 말을 요약해야 한다.

　'지금 지원자의 말은 이렇게 요약할 수 있는데' 하면서 요약을 통해 면접 과정의 속도를 조절할 수 있고, 들은 내용에 대한 흥미가 있다는 것을 보여줌으로써 면접자를 격려할 수 있다. 또한 어렵고, 혼란된 문장들을 정리해줄 수 있고, 긍정적인 자세를 보여줄 수 있으며, 상호 간의 약속을 확신하게 할 수 있다.

　면접관은 요약을 할 때 가장 중요한 문장이 앞에 오도록 한다. 예를 제시하면 다음과 같다.

> "내가 지금까지 들은 것은 …… 으로 요약할 수 있는데요"
> "면접자가 말한 것은 …… 으로 요약할 수 있어요"
> "이 모든 것을 한마디로 말하면 …… 인데요"
> "그러니까 면접자가 말한 것을 내가 한번 다시 말하면 …… 인데요"

　이러한 요약을 위해 면접관은 평소에 글을 많이 읽고, 요약, 정리하는 훈련이 필요하다. 우리는 다른 사람이 말하는 것을 들을 때 우리의 두뇌는 끊임없이 추정을 하기 시작한다. 그러나 면접 과정에서는 면접자가 사용한 특정 단어나 제스처 등을 가지고 사람들을 추정하

면서 등급매기기보다는 그 사람의 능력을 파악하기 위해 노력해야
한다.

면접을 하는 과정에서 면접관은 지원자에게서 받은 첫인상이나 면접관이 지니고 있는 고정관념과 선입견 등에 의해 영향을 받기 쉽다.

첫인상의 정의가 필요한데 '첫인상'이란 '바로 나 자신의 실제의 모습을 그대로 보여주는 것' 혹은 '상대방의 본 모습을 올바로 파악하는 것'이다.

수줍은 성격을 가진 것은 나쁜 것이 아니다. 하지만 수줍은 성격이 상대방에게 차갑고, 냉정하게 보일 수 있다면, 첫인상이 잘못 전달된 것이다. 만약 면접관이 이러한 첫인상에서 벗어나지 못해 면접자를 차갑고, 냉정한 쪽에서만 본다면 첫인상에 면접이 좌지우지 된 것이다. 그러나 면접관이 면접 과정에서 수줍은 성격이라고 판단했다면 첫인상에서 벗어나 올바로 면접을 한 것이다.

이런 정의에서라면 '면접자의 있는 모습 그대로를 볼 수 있는 것이 첫인상'이다. 따라서 면접관은 처음 받은 인상이 아니라, 면접자가 가진 실재의 모습을 파악하기 위해 노력해야 한다.

그러므로 면접관은 면접자에게서 처음 받은 그 느낌으로 계속 면접을 진행한다면 면접자의 올바른 모습을 파악하기 어렵다. 이를 위해 처음 본 느낌, 면접관이 가지고 있는 고정관념, 앞서 평가한 면접관의 평가 내용, 면접 과정에서 알게 된 정보 혹은 마지막 정보에게서 벗어나야 된다. 다음 예를 살펴보자.

> 면접관 : "이제 실제 업무능력을 테스트 해볼 텐데 할 수 있겠어요?"
> 면접자 : "아...네...해야죠 뭐..."(아주 귀찮고 황당한 듯이)
> 물론 면접 보러 와서 업무테스트라는 것이 조금은 당황스러울 수도 있겠습니다만은...
>
> 전혀 예상치 못한 돌발 상황에 저는 약간 벙쪄있긴 했지만 분위기를 띄우기 위해 웃으며 말했습니다.
>
> 면접관 : "그런 대답보다는 열심히 해보겠습니다 라고 하는 게 면접 땐 훨씬 효과적이에요"
> 면접자 : "네...."(웬일이야 재수없어라는 표정으로)

위 예에서 우리는 면접관의 태도를 눈여겨보아야 한다. 물론 면접자의 태도도 문제이지만 면접관은 면접자를 비난하고 있다.

위의 예시에서 "그런 대답보다는 열심히 해보겠습니다 라고 하는 게 면접 때는 훨씬 효과적이에요"와 같은 언급은 면접관의 본질에서 벗어난 것이다. 결국 면접관은 면접자의 태도에 끌려 다닌 것이다. 이런 인상에 매달리면 제대로 된 면접을 하기 어렵다.

실험 결과에 따르면 면접 과정에서 면접관은 억양, 속도, 방언, 의

상 등에서 자기와 유사할 때 혹은 과거의 면접관과 비슷한 경향을 나타낼 때 면접자와 라포르를 형성하기 쉽다고 한다. 나중에 언급하겠지만 라포르 형성이 잘 되면 면접은 아주 잘 이루어진다. 그 결과 이러한 지원자가 선택된다. 그러나 이것이 면접의 목적에 맞는 것은 아니다. 비슷한 경향을 가진 사람들만이 모여 회사를 구성하는 것은 끔찍한 일이다. 그러므로 면접 과정에서 편견이나 선입견에서 벗어나려고 노력해야 한다. 그렇지 않으면 올바른 질문을 하기 어렵다.

예를 들어보자. 미스코리아를 보고 예쁘다는 인상을 받고, 미루어 짐작해서 사치를 많이 할 것이라고 생각하면서, 모든 질문을 이에 맞추어 한다면, 그 사람이 지닌 본 모습을 바로 파악하기 어렵다.

사실 미스코리아 출신이라고 해서 사치하는 것은 아니다. 미스코리아 당선이라는 창(window)으로 그 사람의 전부를 파악하려고 한다면 오류가 생길 수 있다.

면접에서 첫인상이 중요하다고 한다. 그것은 첫인상이 결정되는 60초 동안 모든 것이 좌지우지되기 때문이다. 실제로 대개의 면접관들은 60초에 모든 판단을 마친다고 한다. 그래서 면접자들을 위해 60초를 위해 60개월을 투자하라는 책 제목도 있다. 그러나 앞에서 말한 것처럼 첫인상이란 그 사람이 가진 진짜의 모습이기 때문에 이것을 파악하기 위해서는 처음 본 느낌에서 벗어나 질문을 해야 한다.

＊면접관의 첫인상도 면접자에게 영향을 미친다.

첫인상이 좋은 사람은 몇 가지 특징을 가지고 있다. 타인의 말에 동의를 잘 해주는 사람, 항상 대화 간의 연결고리를 만들어주는 사람, 타인을 기분 좋게 해주는 사람, 대화 후 무언가 배운 느낌을 갖게 하는 사람(강연이나 수업이 아님에도)들이 이에 해당된다. 면접관들이 면접자의 첫인상에서 벗어나기 위해 노력해야 하는 만큼 면접자들에게도 좋은 첫인상을 주기 위해 노력해야 한다.

정확하고, 구체적인 언어를 사용하자

면접 과정에서 면접관의 언어 사용은 무척 중요하다. 면접관은 정확하고 구체적인 언어를 사용해야 한다. 면접자에게 '얼마나 많이', '얼마나 적게', '어느 기간만큼' 등에 중점을 두어 질문을 하여야 한다. 그러므로 면접관이 구체적으로 질문하기 위해서는 고도로 전문화된 의사 소통 능력을 갖추고 있어야 한다.

면접관은 구체적으로 질문을 한 다음 면접자의 답을 이해해야 한다. 면접자의 답을 사실, 기분 경험, 행동, 의도 등으로 구분하여 정확하게 파악해야 한다. 다음에는 그것을 통해 이 질문 다음에 해야 할 추가 질문 혹은 면접자에 대한 판단이나 평가 등을 해야 한다.

그리고 면접 과정에서 면접자의 외모나 배경 등에 대해 언급해서는 안 된다. 단지 면접자는 회사에 일을 할 수 있는 대상으로 처리해야 한다. 면접관은 기술된, 객관적인 것을 대상으로 하여 전문가적인 매너로써 면접 과정에 임해야 한다.

면접 과정에서 질문과 대답을 하다보면 자기 소개서의 내용과 면접자의 발언 혹은 첫인상과 실제 발언 내용 사이의 불일치가 나타날 수 있다. 이러한 불일치가 나타나면 그러한 사실을 보다 명확하게 정리해야 할 필요가 있다.

이때도 면접관의 정확한 언어 사용이 필요하다. 이를 위한 몇 가지 방법을 제시해본다.

아이(I) 메시지를 사용하자. 나(I)의 사용은 직접적이고 명확하게 한다. 즉 '우리는, 이 회사는 더 이상 그것을 허용하지 않는다' 가 아니라 '나는 더 이상 그것을 허용하지 않는다' 로 표현하는 것이 정확한 언어 사용의 예이다.

> "내가 보기에는 자기소개서에는 …게 씌어 있는데 오늘 만나보니 …한 것 같지는 않은데요"

'나는 할 수 없다' 고 하는 게 아니라 '나는 ……하기로 결정했다' 로 표현하는 것이 더 정확하다. 이것은 외부 여건이 아니라 내가 판단했다는 것을 나타내기 때문이다.

'미안해요' 와 같은 사과를 하지 말아야 한다. 면접관은 면접을 이끌어 간다.

그리고 면접관은 '그것은 내 일이 아닙니다' 와 같은 책임이 없다는 상투적 표현 자제해야 한다.

때로 면접 과정에서 직접적인 기술이 필요할 때가 있다. 이때는 단정적인 표현이 요구된다. '아닙니다' 와 같은 표현도 필요하면 사용해야 한다.

단정 기술은 면접관에게 개인적인 책임감에 기초해야 한다. 면접관은 우물쭈물한 진술이나 공격적 반응을 최소화하기 위해서 단정적으로 표현해야 하는 능력이 필요하다.

고도로 사회적인 도덕성을 요구하는 질문을 하지 않아야 한다. 즉 "정직하신 분이신가요", "세련된 사람입니까?" 등과 같은 것이다. 이 외에도 질문이 구체적이지 못할 경우, 핵심적인 내용이 빈약한 경우, 면접자는 문학적 표현을 하기도 하는데 이러한 점에 유의해야 한다.

질문은 전제를 담고 있다. 그러므로 부정적인 내용을 질문하지 말아야 한다. "너는 국문과 출신이 왜 은행원이 되려고 하니?"처럼 '왜' 로 시작하는 질문은 하지 말아야 한다. '왜' 로 시작하는 질문은 대개 비난이나 거절의 의미를 담고 있기 때문이다. 그러므로 면접자가 답변하기 어려운 질문이 된다.

그리고 하나의 질문에 여러 개의 내용을 담은 '우리 회사에 지원하게 된 이유와 5년 후 쯤에는 어디에 있을 것이라고 예상하는지요?', '지금의 회사를 떠나려는 이유와 자신의 장점을 말해주세요'와 같은 질문이나 가설적 질문(hypothetical questions)은 하지 말아야 한다. 가설적 질문은 가설적 상황을 설명하고 그러한 상황에서 지원자가 어떻게 행동할 것인가를 묻는 것인데 이는 거짓말을 유도할 수 있기 때문이다.

공감을 하자

　　　　면접 과정에서 면접관에게 가장 필요한 것은 공감 능력이다. 공감이란 면접자를 파악하는 능력이다. 이러한 공감 능력이 많으면 면접자와의 라포르 형성이 쉽고 의사 소통을 촉진하여 면접자를 이해하는 데 도움을 준다.

　이러한 공감 능력이 많으면 면접관이 충고, 비난하는 것을 막아준다. 또한 면접관이 공감 능력이 많으면 불필요하고 너무 많은 질문을 하는 것을 막아주고, 관심을 면접자에게 두도록 한다.

　면접에서는 면접자가 모든 정보를 가지고 있다. 그러므로 되도록 면접자가 말을 많이 하고, 면접관은 공감을 하면, 면접자가 가진 정보 즉 역량을 최대한으로 이끌어 낼 수 있다. 그러므로 공감은 가장 중요한 면접 기술 중의 하나이다.

　공감이란 다른 사람이 내면에 가지고 있는 감정적인 요소와 거기에 관련된 의미를, 마치 자신이 그 사람인 것처럼 지각하는 것이다. 그리고 지각에서 끝나지 않고 이것을 전달하려는 시도이다. 다시 말해 면접자가 말하는 것을 면접관이 '나도 그렇다고 생각해' 혹은 '나도 그렇게 느껴' 라는 것을 표현해 주는 것이다.

이를 위해 면접관은 면접자의 말 속에 포함되어 있는 주요한 감정, 태도, 신념, 가치기준을 포착하는 감수성을 가지고 있어야 한다.

우리가 앞에서 면접관 훈련 교실 4교시에 '공감을 하자' 라는 시간을 넣은 것은 바로 이러한 이유 때문이다. 차갑고, 냉정한 마음을 가진, 학벌 좋고, 능력 있는 사람이 면접관이 되면 안 되는 이유가 바로 여기에 있다. 그러나 면접에서 동정은 필요 없다.

*** 공감을 표현하는 방법으로는 다음과 같은 것이 있다.**

'아~', '그래~', '어', '정말 그때 힘들었겠다', '음 / 응', '어어', '예예', '그래', '그렇지(그치)', '그렇겠지', '진짜', '당연하지', '그럼', '그러니까', '물론', '맞아', '맞는 것 같아', '우와', '어머나'

비언어적인 요소로는 고개 끄덕임, 눈맞춤, 자세의 바꿈 등이 있다. 이들은 맞장구 표현이라고 하는데 이는 지역, 연령, 개인마다 차이를 보인다.

현재에 집중하자

면접 과정에서 면접관은 항상 현재에 집중해야 한다. 즉 면접관과 면접자들의 관계는 항상 '여기 그리고 지금'에 기초하고 있어야 한다.

면접자가 과거나 혹은 미래의 기분이나 경험에만 초점을 맞출 경우 그것이 직접적으로 현재의, 이 장소에, 어떤 관련이 있는가를 말하도록 면접관은 면접 과정을 조절해야 한다.

즉 과거의 일정한 경험과 지금 면접자의 감정과의 관련성 혹은 해야 할 일과의 연관성에 중심을 두어야 한다.

"과거의 그 경험이 현재의 이 회사와 어떤 관련이 있을까요?"

"이 장소에서 그 기억이 어떤 의미가 있나요?"

"과거 경험(아르바이트, 전 회사 경력, 실패의 경험 등)과 우리 회사에서 필요로 하는 것과의 관련성을 말해주시죠"

면접관은 이처럼 모든 것을 현재와 관련지어 물어야 하며 그것을 올바로 진술하고 있는지 의식해야 한다. 그럴 때 질문과 답에 바로 '현장성'이 생긴다. 현장성을 유지하고, 의식하면, 외운 답을 말하는 면접자에게 숨겨진 것들을 파악해 낼 수 있다. 진짜의 모습을 찾기 위해 면접관은 노력을 기울여야 한다.

"외운 것 말고, 미리 준비 한 것 말고, 너를 속이는 답 말고, 바로 너 자신의 모습을 그대로 보여줘"라고 요구하기 위해 질문 내용을 끊임없이 구성해야 한다.

현재에 집중하기 위해서는 "이 장소는", "우리는", "이러한 시스템은" 등과 같은 표현을 사용하여 직접성을 높여야 한다.

면접자의 행동이 이상하고, 부적절하고, 무언가 상호 협동적이지 않을 때 대부분 거기에는 숨겨진 면접자의 의도가 있다. 그래서 그들이 진짜로 말하는 내용을 파악해야 한다. 면접자는 객관적이거나, 정직하지 않을 수 있다. 면접자는 한 가지에 대해서 말할 뿐 다른 것을 의미하지 않는다.

따라서 이러한 '직접성' 을 기술하면 면접자들이 인터뷰 내용을 현재의 관점에서부터 떨어져 나가는 것에 대하여 방지할 수 있다. 그리고 면접자의 과거의 화려한 이력이나 경력의 자랑에서 벗어날 수 있다. 또한 면접자가 숨겨진 의제(모호함)를 사용하는 것을 막을 수 있다.

면접을 통한 미래의 예측력을 현재와의 관련성을 언급한다면 신뢰성이 있다. 과거의 경험에 머물러 있으면 그것은 가십이 되기 쉽다. 따라서 면접관 역시 현재 시제를 사용해야 한다.

타당도, 신뢰도, 중립성을 유지하자

면접관은 면접 과정에서 타당도, 신뢰도, 중립성을 유지하기 위해 노력해야 한다.

신뢰도란 동일한 면접자를 누가 평가한다 해도 같은 결과가 나오는 것이며, 타당도란 면접관이 파악한 면접자의 모습이 채용 후의 모습과 동일해야 한다는 것이다.

중립성이란 면접관이 지켜야할 가장 중요한 특징의 하나로 토론의 한편을 지지하면 안 되고, 면접자의 관점을 동의하거나 부인해도 안 된다. 자아노출의 정도를 조절해야 한다.

그러나 신뢰도가 높다고 해서 반드시 타당도가 높은 것도 아니다. 즉 모든 면접관들이, 동일 인물에 대해, 모두 높게 평가를 하였지만 실제적으로 그 인물이 부적절할 수도 있다는 뜻이다.

이는 면접관들이 편견을 극복하지 못하고 첫인상에 머물러 모든 질문을 처리한 결과가 아닐까 한다.

그리고 면접관의 중립성을 유지하기 위해서는 면접관의 자아노출을 자제해야 한다. 경상 방언을 쓰는 면접자에게 "나 개인적으로는 경상도 방언을 싫어하는데" 등과 같은 표현을 사용하면 면접을 방해한다.

"어 우리 아들하고 같은 학교 나왔네" 등등과 같은 멘트 역시 중

립성을 잃어버린 적절하지 않은 표현이다

이처럼 타당도, 신뢰도를 유지하여 중립성을 지키기 위해서 면접관은 면접 과정에서 일어나는 차이점을 다룰 수 있어야 한다. A와 B 두 면접자 간의 차이점을 비교할 수 있어야 한다.

라포르 형성을 하자

면접 과정에서 면접관과 면접자는 짧은 시간의 만남이지만 서로 우호적인 라포르를 형성해야 한다. 면접관과 면접자가 라포르를 형성하면 면접을 활성화 시켜 면접자가 신나게 눈치 보지 않고 할 수 있다. 따라서 면접관은 면접자로부터 많은 정보를 이끌어낼 수 있다.이것은 앞에서 말한 신뢰도나 타당도를 유지하는 데에도 필요하다.

흔히 경찰과 피의자와의 만남에서 심문을 하여도 죄를 고백하지 않다가 경찰이 피의자와 라포르를 형성하며 인터뷰 기술을 발휘할 때 죄를 고백하는 경우를 흔히 본다.

라포르는 면접관과 면접자의 공통점을 발견하거나, 면접관이 면접자의 대답을 적극적으로 청취할 때 나타난다. 이것은 앞에서 말한 맞장구치기 기술과도 관련이 있다.

이 기술 외에도 '그건 너무했다', '거 참 재미있네' 와 같은 즉흥적 해석도 라포르 형성에 기여한다. '그래서', '그리고', '근데' 와 같은 맞장구는 말할이의 다음 발화를 기대하고 이를 적극적으로 유도하는 방법이다.

면접관이 면접자의 말이나 말의 내용을 즉흥적으로 평가하거나,

해석하면서 상대방에게 주의를 기울이고 있다는 맞장구 표현을 많이 해줄 때 대개의 면접자들은 기분이 좋아 이야기할 의욕이 생긴다. 그리고 면접관이 자신의 이야기를 들어준다는 것으로 긍정적인 영향을 받아 자신을 충분히 드러낸다.

그리고 앞에서 말한 요약하기 기술, 고개 끄덕임, 미소 짓기, 지원자를 따뜻하게 바라보기, 음음하면서 들어주는 것이 모두 라포르를 형성하는 아주 좋은 방법이다.

비언어적 의사소통에 유의하자

　　　　면접 과정에서 면접관의 언어적 표현만이 아니라 비언어적 요소도 면접자들에게는 일정한 의미를 지니므로 유의해야 한다. 예를 들면 입술을 가리면서 면접관이 말을 하면 거짓말 또는 과장을 하는 것처럼 보여 면접자들을 불편하게 한다.

　면접관이 뒤에 기대 앉으면 과도한 자신감, 거만한 분위기를 연출하고, 앞으로 앉으면 공격적인 인상을 주므로 앉는 자세에도 유의해야 한다. 면접관은 용모 간결하고 단정한 느낌을 주는 복장에 깔끔하고 활달한 인상의 복장을 하는 것이 좋다.

　그리고 면접관은 되도록 천천히 말하는 것이 좋다. 그리고 적절하게 쉬는 것이 좋다. 이를 휴지라고 한다. 아래 문장에서 숨표 있는 부분에서 간단하게 쉬는 것이 좋다.

　지금 말한 것을 요약하면, (휴지장소) 어렸을 적부터 승무원이 되고 싶어, (휴지장소) 많은 것을 준비했다는 것인데요

　　빠르게 말하고, 다른 사람보다 짧게 쉬는 것(휴지)은, 실제적으로 면접자에게 감정적이고, 독선적이며, 정신이 없고, 산만하다는 느낌을 준다. 반면 지나치게 천천히 말하고, 다른 사람보다 더 많이 길게 쉬는 것(휴지 기간이 길면)은 면접자에게 지겨움을 느끼게 한다.

　　면접관이 큰 목소리로 말하며 면접자는 자신감 있는 면접관이라 느끼기도 하지만 불안한 사람이라고 느끼기도 하므로 유의해야 한다. 다른 사람보다 부드럽게 말하는 것은 가식적이라는 느낌을 준다고 한다는 사실을 알고 상황에 맞게 성량을 조절해야 한다. 그리고 대화에 따른 리듬감을 살려 비언어적인 행동을 조화롭게 하는 것이 도움이 된다.

　　면접관은 면접자를 처음 만나면 웃어주도록 한다. 웃음은 첫인상을 좋게 하는 가장 좋은 방법이다. 그러나 대부분의 사람들은 긴장해서 웃지 못한다. 긴장하지 말고 웃기 바란다. 다만 억지로 웃어서 비웃음의 형태로 나타나서는 곤란하기 때문에, 많은 연습을 하는 것이 좋다.

칭찬을 하자

　　　　면접이 마칠 즈음 면접자를 칭찬해주자. 면접자를 칭찬하는 경우 구체적으로 하라. "고맙구나", "훌륭합니다", "수고하셨습니다" 이런 식보다는 다음과 같이 표현하는 것이 바람직하다.

"우리 면접에 응해주어서 고마워요"

"긴 시간 참느라고 애썼어요"

"준비를 많이 했네요. 고맙습니다"

　　조그마한 것으로 칭찬을 해 주는 것이 좋다. 면접 중에 상대방에 대하여 긍정적인 것을 전달해 주려고 노력해 보자. 그러나 그것이 의도적으로 계획된 것처럼 보이지 않도록 유의할 필요가 있다.

　　절대로 면접자들에게 "오늘 면접 준비가 소홀하셨군요"라고 비난하지 마라. 면접자들에게 함께 면접 과정이 즐거웠다는 것, 그리고 회사에 응모해 주어서 고맙다고 표현하라.

　　면접관이 갑자기 화를 내거나, 지원자의 약점을 들춰내거나, 말꼬리를 잡아 당황하게 만들면 면접자들은 당황해 한다.

"자네 학창시절 엄청 놀았구만"

이런 식의 압박 면접은 지원자를 긴장상태로 몰아넣어 어떻게 대처하는지를 관찰하는 방식일 수도 있겠지만 바람직한 것은 아니다.

그리고 "질문 있습니까?"라고 하여 지원자들에게 그동안의 면접 과정에 대해 열린 마음으로 대한다. 흔히 이러한 질문은 의례적으로 이루어지고 있다.

물론 대개는 회사는 회사에 대해 특별한 관심과 열의가 있는지 파악하기 위해 의도적으로 하는 질문의 한 유형이기도 하다. 그러나 면접관은 면접자들에게 그동안의 면접 과정 중에서 정말 궁금한 것을 열린 마음으로 물어보게 한다.

물론 이러한 질문에 대한 지원자의 질문 내용을 통해 면접자가 회사에 대해 지니고 있는 미래 지향적인 생각을 파악할 수도 있다.

질문자가 이러한 질문을 하면 '내 생각에는'으로 하면서 성실하게 답해주는 것이 좋다. 짜증을 내거나, 모호하게 피해버리면 면접자들은 미련을 갖는다.

5장

평가하기

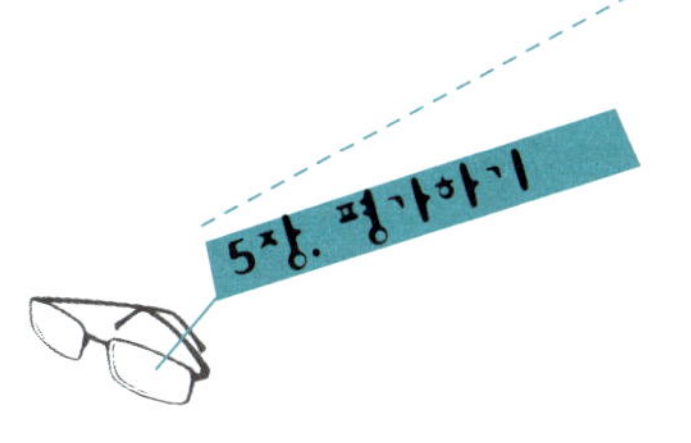

　　면접관의 궁극적인 목적은 평가에 있다. 그러나 무엇을, 어떻게 평가해야 하는가는 그리 간단한 문제가 아니다. 즉 면접자가 일을 하는데 혹은 입학을 하는 데 적절한가 여부를 판단하기 위한 평가 과정에 대해 살펴보기로 한다. 이 장에서 일반 면접에서의 면접관의 질문에 대한 면접자 답변의 평가 방법, 그리고 자기 소개서, 자기 소개 및 면접 유형에 따른 평가 방법을 제시한다.

　　"이번 면접 결과를 납득할 수가 없어요" 면접을 잘 본 것 같은데, 막상 결과가 좋지 않다면 누구나 이런 의문을 제기할 것이다. 면접 평가를 객관적으로 하기 위한 방법들을 제시해 본다.

　　　　면접은 다른 사람과 '구별' 하기 위한 것이다. 면접에서는 다음과 같은 인물을 구별해 내야 한다.

　　　　즉 조직적이고, 의사 소통 기술이 있고, 탄력적이며, 믿을 수 있고, 팀플을 잘 하며, 어려운 시기를 극복해 낼 수고, 책임감 있고, 리더십, 판단력이 있는 사람을 다른 사람과 구별해내야 한다.

　　지금까지 이를 위해 질문 내용 및 질문 방법을 구성하고 면접을 진행하였다. 대개는 면접을 주관하는 부서나 부처에서는 일정한 기준을 마련해주지만 실제 면접을 하는 면접관이 구체적으로 그것을 적용하는 것이 쉽지 않다.

　　예를 들면 인사부처에서 나누어주는 평가지에는 대개 리더십, 책임감, 봉사 정신 등등의 항목이 적혀있다. 그리고 이들을 항목별로 혹은 5, 4, 3, 2, 1등으로 표시하게 되어 있다.

　　그러나 이들을 각 항목으로 나누어 평가하는 것이 쉽지 않다는 것은 경험해 본 사람은 누구나 안다. 무엇을 보고 리더십이 있다고 할 것이며, 어떤 질문에 대한 답변을 통해 책임감의 정도를 파악할 것인가?

리더십을 평가하기 위한 문항이 나와 있어야 하며 어느 답이 리더십을 평가하기에 가장 좋은가 등과 같이 것이 구조화되어야 한다. 평가 항목 역시 구조화되어야 하는 이유가 여기에 있다.

어떤 질문이든 면접관들은 왜 회사에서 지원자를 채용해야 하는가에 중점을 두어야 한다.

회사의 인재 채용 목표는 '경쟁력 있는 사람'이 아니라 '회사에 무엇을 기여할 수 있는가'에 두어야 한다. 그러므로 자기의 경험을 회사의 인재상이나 직무 분야와 연관 지은 것은 좋은 점수를 준다. 강점에 대한 기술에 대한 질문에 대해 '면접자가 회사에 무엇을 제공할 수 있는가'를 높이 평가해야 한다. 경험이나 학업, 경력뿐만 아니라 의사 소통 능력, 시간 관리 능력, 문제해결, 기술 같은 것을 보아야 한다.

따라서 '나는 사람들을 사랑해요', '사람들과 같이 있는 것을 좋아해요' 같은 답은 너무나 일반적인 것으로 회사에 대한 기여도를 알 수 없기 때문에 감점 요인으로 제시한다.

과거의 경험을 기술할 경우 이것이 미래의 성공에 어떻게 관련되는가를 보여주는 것을 높은 점수를 주어야 한다.

"이 회사가 지원자를 위하여 무엇을 해줄 수 있는가" 하는 것이 아니라 "지원자가 이 회사에서 무엇을 할 수 있는가"에 대해 중점을 두어야 한다. 따라서 면접관은 '회사의 입장에서' 말하는 사람을 높이 평가해야 한다.

지원자들에게 '무엇이 있는가' 보다는 그들이 '이 회사에 들어오

지금까지 말한 것을 정리하면 다음과 같다.

① 회사에 무엇을 기여할 수 있는가
② 지원자가 이 회사에서 무엇을 할 수 있는가
③ 회사의 입장에서
④ 이 회사에 들어오면 무엇을 할 수 있는가

이들은 모두, 같은 내용을 달리 표현한 것으로, 면접관이 면접을 하는 목적이 바로 여기에 있다.즉 면접관의 모든 질문은 면접자가 '①' '②' '③' '④'를 올바르게 기술하고 있는 가를 살펴보고자 하는 것이다.

이러한 관점에서 보면 회사의 팬이라던가, 고객의 입장에서 기술할 경우, 일상적인 경험이나 회사에서 관심을 가질만한 어떤 것도 없다면 이런 면접자는 준비되지 않았으며, 계획이 없음을 보여주므로 높이 평가하기 어렵다.

팀플레이 여부 혹은 함께 팀을 이룬 동료들의 평가를 묻는 질문에 대해서는 함께 공유할 수 있는 기질과 성품, 함께 일할 수 있는 능력을 보여주는 답에 높은 점수를 주어야 한다. 팀 워크에 대해서 평가할 때는 밸런스라든가 도전에 대한 필요 등에 관심을 두어야 한다.

'세계 평화'와 같은 너무 넓거나 이상적인 것으로 답을 하면 감점

해야 한다. 긴 생애를 기술한다든가, 원하는 초점에서 벗어나는 것은 점수를 줄 수 없다. 더욱 팀 플레이를 같이 한 동료에 대한 불평하거나 부정적인 입장을 나타내는 것은 높게 평가할 수 없다.

'회사에서 가장 중요하다고 생각되는 것이 무엇인가' 이러한 질문에 대해서는 '일하는 것을 얼마나 즐거워하는가' 그리고 '그 일에 얼마나 적절한가' 라는 표현에 맞추어 답하고 있는지 파악하여야 한다. 너무 이상적이거나 미리 짜 맞추어진 질문에는 점수를 주면 안 되고 개인의 이익 추구에만 전념하는 것도 높게 평가할 수 없다.

'회사에 와서 무슨 일을 하기를 원하느냐' 라는 질문에 대해서는 면접자의 입장에서 계획과 통제력을 나타내는 질문들을 높이 평가해야 한다. 무엇을 얻기를 원하는가를 나타내고, 본인 자신의 자신감과 회사 문화에 대한 것을 컨트롤 할 수 있는 능력이 되는가를 보아야 한다. 이러한 것은 분명하게 요점 정리를 잘하는 표현에서도 나타난다. 자신이 하고자 하는 말을 핵심적인 내용을 위주로 명확하게 전달하는 면접자를 높이 평가한다.

이제 몇 개 항목을 나누어 질문에 대한 정성적 평가 방법에 대해 살펴보기로 한다.

핵심어로 나타내기

가장 먼저 면접자에 대한 평가를 하기 전 면접자에 대한 느낌이나 이에 대해 새롭게 알게 된 것을 핵심어로 나타내보는 것이다. 면접자의 특성에 유의하면서 면접자 자신의 요약 정도를 파악한다. 자기 소개서를 읽거나, 자기 소개의 말을 할 때, 그리고 면접 과정에 있어 그 사람에 대한 핵심어를 3개 정도 적어보면 평가하는데 많은 도움을 줄 것이다.

자기 소개를 다 듣고 났는데도 그 어떤 말로도 그 사람을 표현할 수 없다면 구별할 만한 특징이 없다. 무엇일까? 기억에 남는 말이나 인상을 적어 본다.

다음으로 면접자가 얼마만큼 자신에 대해서 요약하고 있는가를 보아야 한다. 자신의 삶의 일부나 특정 일에만 요약하고 있다면 높은 점수를 주기 어렵다. 그리고 일상적인 답으로만 채워진 것은 배제해야 된다.

비언어적 요소에 의한 행동 평가

면접은 말하기가 중심을 이룬다. 핵심어로 나타내기가 말하기 내용과 관련된 것이라면 이제는 비언어적 요소 평가 방법에 대한 것이다.

 분명한 발음은 높이 평가한다. 분명한 발음으로 또박또박 이야기해 나감으로써 업무 처리 또한 확실하게 하는 사람이라는 인상을 주기 쉽기 때문이다.

면접관과의 직접적인 시선 접촉을 유지하는 것을 높이 평

가한다. 일반적으로 시선 접촉을 피하는 것은 자신감이 없다는 것을 나타나기 때문이다.

많은 인사 관리 담당자들은 가장 부정적인 영향을 주는 버릇으로 '시선회피', '끝말 흐리기', '다리떨기', '구부정한 자세', '밀 더듬기', '잦은 한숨 쉬기' 등을 꼽고 있다.

이같은 버릇은 자신감이 없거나, 신뢰감이 떨어지고, 집중력이 없는 것처럼 보이게 만들기 때문에 높게 평가하기 어렵다. 그리고 이러한 비언어적 행동이 회사 업무 처리 중에 그대로 나타난다면 업무에 지장을 주므로 높게 평가하기 어렵다. 특히 고객을 상대로 한 업무 담당자라면 더욱 그러하다.

노력하는 면접자들은 무의식적인 버릇을 고치기 위해 자신감 갖기, 마인드컨트롤, 모의면접·스터디를 통한 버릇 확인하기 등으로 수정해서 면접장에 나타난다.

 이 외에도

떨리고 작은 목소리나 불분명한 발음

지나친 사투리

"─해요"등 격식 없는 말투

"제에가요~ 말씀드리고 싶은 거능요~, 이건 아니구요오~, ~~했거 등요?"이런 식의 유아적인 어투

"그렇게 생각하는 건 아니구요오... 저어, 있잖아요. 꼭 그렇다는 건......"

이러한 표현이 많으면 낮게 평가한다. 그리고 면접자의 지나친 외국어의 남용도 감점을 한다.

그리고 때로 질문에 대해 "저 무엇을 원하는지요?"라든가 혹은 "좀 자세히 말씀해 주시겠어요" 혹은 '당황하여 얼굴이 빨개진다거나', "저 죄송한데요" 하면서 시간을 벌거나 질문에 대한 보충을 요청하는 면접자에 대해서는 부드러운 미소와 침묵으로 대하면서 점수는 낮게 주면 된다.

이들을 비난하지 말자. 면접관은 단지 평가를 하면 된다. 면접에서 말솜씨가 미치는 영향은 7%에 불과하다고 한다. 55%는 몸짓, 38%는 목소리 톤이라고 인사 담당자들은 말 한다. 구부정하게 앉거나, 코를 만지작거리거나, 아래쪽을 응시하는 사소한 태도들을 주의해서 살펴보아야 한다.

예의가 바른 사람을 높게 평가하자.

면접관들은 면접자의 복장이 회사의 업무 특성, 회사의 이미지, 개성과 특성을 살렸는지 등의 관점에서 살펴보아야 한다.

복장 : 남성 지원자의 '정장에 흰색 양말', '청바지 차림' 등이 감점 요인이고 여성 지원자의 '과도하게 노출된 상의', '컬러 렌즈' 착용 등은 낮게 평가한다. 인사 담당자들은 복장에 대해 다음과 같이

언급한다.

* "아주 구식이거나 튀는 복장이 아니면 된다"

여름이었는데, 정장 바지에 흰 양말에 스포츠 샌들을 신고 온 면접생. 중간 중간 커다란 하트 무늬가 뻥뻥 뚫린. 굴 담는 주머니 같은 그물 스타킹을 신고 온 여학생 등은 낮게 평가할 수밖에 없다.

은행, 공무원, 교사 면접을 보는 지원자는 너무 튀지 않는 순수한 차림으로 면접관에게 신뢰감을 줘야 할 것이고, 디자인이나 광고 등 감각을 중시하는 업종이라면 대담한 색상의 셔츠에 화려한 넥타이로 개성을 연출할 필요도 있을 것이다.

예의는 살아가는 데 있어 아주 중요하며 면접자의 삶을 잘 나타내 주는 것이다. 일반적으로 면접관들은 면접자들의 다음과 같은 말을 좋아한다고 한다.

'작은 부분까지 배려해 주셔서 감사합니다', '면접관님을 잘 만난 것 같습니다', '행운입니다', '면접장 분위기가 딱딱하지 않고 훈훈했습니다', '웃으시는 모습이 너무 편안했습니다', '지원자 보다 열정적인 모습에 감동 받았습니다'

면접자들이 이런 표현을 하면 가식적이거나 틀에 박혔다고 생각할 수도 있다. 그러나 이러한 말을 할 수 있다는 것은 예의가 있다는 것이며 이를 위해 훈련을 했다는 증거가 되므로 높이 평가할 수 있다.

반면 '좋은 질문입니다' 하면서 면접관과 지원자의 입장이 뒤바뀐 듯한 느낌을 주는 말이나, '조금 전에 제가 말씀 드렸는데요' 등과 같은 것은 낮게 평가하는 것이 좋다.

면접자들이 습관적으로 '아 그게 아니고', '제가 실수한 것 같습니다', '죄송합니다' 등을 반복하는 것을 흔히 보게 된다. 이는 신뢰성이 없어 보이므로 낮게 평가한다.

'그런 일은 절대로', '추호도 없습니다', '절대' 같은 극단적인 표현에 대해서는 낮게 평가한다. 면접관 역시 이러한 극단적 표현은 자제하는 것이 좋다.

'잘 생각이 나지 않습니다' 는 같은 책임 회피형 발언, 욕을 하는 사람 등은 다 높게 평가하기 어렵다.

면접관들의 황당한 질문에 얼굴색 하나 안변하고 생글 생글 웃으며 대답을 잘 마치고 나간, 얌전하게 생긴 여학생, 면접관들은 한결 같이 좋은 점수를 주었다. 그녀가 문을 닫고 나간 직후 복도에서 다 들릴 정도의 목소리로 "씨.바"라고 외치지만 않았다면 아마 합격도 가능했을 것이다.

면접 과정에서 핸드폰 통화하는 하는 지원자, 면접하기 전에 회사로 미리 전화해서, "면접은 언제 가면 됩니까? 저 작업량이 많아서 바쁘거든요? 빨리 일정 잡으시는 게 좋을 거예요." 라고 닥달하는 지원자 등은 모두 감점한다.

어느 인사 채용 담당자의 말을 인용해 본다. 면접에 참여해 진취적인 모습을 보여줬던 지원자가 '마지막으로 하고 싶은 이야기를 하라'고 하자 "제가 가장 잘 아는 분야에 대해서는 질문이 나오지 않아 실망스러웠다. 아마도 면접관께서 워낙 최신 분야라서 잘 모르시는 것 같다"고 답변해 당황스러웠다고 말했다. 이런 것은 면접자가 지켜야 할 예의에서 벗어난 것이므로 낮게 평가해야 한다.

"면접 시간을 잘 지킨 지원자. 정말 기본이라고 생각하겠지만, 의외로 시간을 잘 지키지 못하는 사람들이 많다. 예정된 시간보다 10~15분 정도 일찍 도착하는 것이 바람직하다. 무엇이든 여유 있게 처리할 것 같기 때문이다."
이러한 언급을 하는 인사 담당자가 많다. 시간 지키기는 면접자가 지켜야 할 가장 기본적인 자세이다.

상황 파악을 올바로 하지 못하는
머리가 나쁜 지원자는 감점한다.

여기서 머리가 나쁘다는 것은 아이큐가 나쁜 것을 뜻하는 것이 아니라 요령 부족, 혹은 무슨 말인지 모르거나, 착각, 상황 파악을 올바로 하지 못하는 것을 뜻한다. 이것은 긴장하지 않거나, 준비가 없는 것을 나타내므로 감점한다.

다음은 모두 인사 채용자들이 경험한 일화들이다.

- ▶ 지원동기를 묻자 회사명이 비슷한 다른 회사 이름을 대며 "열심히 일하겠다"고 말한 지원자
- ▶ 여행사에 지원한 사람이 회사 지원 목적을 "넓은 세상을 경험하면서 바람을 쐬고 싶다"고 말하는 지원자

이런 지원자를 뽑았다가 회사 이름을 잘못 대면서 혹은 상대방을 면박 주는 사람으로, 자기가 회사에 입사한 이유를 모르고 착각하는 사람으로 변질되기 쉽다.

- ▶ 왜 우리 회사에 지원했는지 동기를 물어보았더니 언제 어떻게 그 많은 자료를 다 조사한 것인지 회사의 창립부터 대표이사의 경영관, 사훈과 사원들의 모토, 사업계획, 사업실적, 앞으로의 전망과 비전 등 자신의 꿈과 회사의 이상이 일치하는 부분에 대해 매우 감동적이면서도 상세한 연설을 펼친 지원자, 정말 면접관들을 눈물 나게 하기 충분했다. 달달 외운 그 연설문이 우리 회사가 아니라 최고 경쟁사의 자료를 바탕으로 한 것이었다는 점만 빼면, 실수로 잘못 외운 것이었겠지. 그 지원자은 그날 과음 했을 것 같다.
- ▶ 영어로 자기 소개를 시켰더니 첫 문장에서 막히고 나서 얼굴이 빨개진 채 한참 더듬거리더니, "저 오늘이 200번째 면접인데 너무 속이 상합니다"라며 꺼이꺼이 울기 시

작한 지원자.

▶ 나갈 때 허리를 굽히며 “즐거운 시간 되십시오”라고 말하는 지원자.

▶ “인성 면접을 보며 같이 일하면 참 좋겠다는 생각이 느는 지원자가 있었다. 그런데 최종 면접에서는 그녀의 이미지 전략이 잘 먹히지 않았다. 인성 면접에서 했던 ‘긍정적이고 끊임없이 노력한다’는 이야기를 반복하였다. 실무진의 입장에서는 같이 일하면 좋을 ‘인성 좋고 성실한’ 지원자에게 호감이 가지만, 임원진은 회사의 실적을 올려줄 ‘능력 좋은’ 지원자에게 눈길이 가는 법. 전형 단계마다 다른 전략으로 공략했으면 좋았을 뻔 했다.”

▶ “회사에 대한 조사를 성실히 한 지원자는 몇 마디의 대화로도 바로 눈에 띈다. 취업만이 목표인지, 자사에 대한 애정이 있는지가 면접의 포인트. 조사가 미흡하다면 어설프게 아는 척하는 것보다 그냥 모른다고 인정하는 것이 훨씬 믿음이 간다.”

▶ “회사에 대한 기본 정보 습득은 필수다. 미국 브랜드에 와서 ‘불어를 사용하고 싶다’는 지원 동기를 말하는 건 좀 너무 성의 없는 것 아닌가.”

▶ “업무에서 중요하게 생각하는 미덕이 무엇인지 파악하라. 마감이 생명인 잡지에서 ‘여유’, ‘느긋함’ 등은 미덕이 아닐 수 있다.”

▶ “역량에 플러스를 해라.”

▶ “인턴이든 신입사원이든 우선은 팀을 서포트해 줄 사람을

뽑는 것이니 너무 스펙이 화려하면 오히려 부담스럽다. 스펙 걱정 하지 말고, 면접에서 장점을 보여주어라. 영문 프레스 파일을 우리말로 번역하라는 테스트 과정이 있었다. 대부분 직역만 하는데 어떤 지원자는 매체에 맞게 홍보 문구를 새로 뽑았다. 결국 그녀를 선택했다.”

어떻게 보면 면접은 훈련된 사람을 뽑는 것인지도 모른다. 운동 경기에서 천부적 소질을 가진 선수가 열심히 훈련한 선수를 이길 수 없다. 선수들은 훈련을 통해 자기를 만들어 간다. 면접자도 마찬가지이다. 면접관만 communication fitness center에 등록하는 것은 아니다.

면접자도 등록해야 한다. 그런데 이렇게 훈련 받은 사람들은 여러 면에서 변화가 나타난다. 면접이 필요한 이유가 바로 여기에 있다. 얼마나 준비했는가, 얼마나 훈련되었는가. 즉 절제된 모습을 보여주고, 보기 위한 것이다.

구별되는 사람에 높은 평가를 준다.

앞에서 면접은 ‘구별’ 하기 위한 것이라고 했다. 다른 사람과 구별되는 사람을 뽑아야 한다. 면접관의 질문과 답은 바로 구별을 하기 위한 것이다. 면접관은 튀는 사람이 아닌 다른 사람과 구별되는 특성을 지닌 사람을 뽑아야 한다. 그리고 그 구별되는 특성이 지원자가 갖는 직업과 많은 관련을 지니고 있는 것에 높은 점수를 주어야 한다.

다음은 인사 채용자들의 경험이다.

대개의 질문에서 독특한 것을 나타내는 면접자, 에너지가 많은 면접자, 팀워크를 위하여 기여할 수 있는 면섭자 등을 높이 평가해야 한다. 단지 '일을 열심히 하겠습니다' 와 같은 것이 아니라 '주어진 일에서 얼마나 성실한 태도로 어울릴 수 있는가' 와 같은 것을 보아야 한다. '의사 소통 능력', '참을성', '훈련' 같은 것으로 묘사하지 않은 모호한 표현은 낮게 평가한다. 뚜렷한 그림으로 와 닿지 않는 것은 배제해야 한다. 지원자가 다른 사람과 다른 무엇이 있다는 것은 끈질기게 설명하고 있다면 높은 평가를 한다.

어느 일간지에는 학점 4.0이 안 되고 토익 점수 900이 안 넘고, '취업 5종 세트'(인턴·자격증·아르바이트·공모전·봉사활동)는 더더욱 없다는 면접자의 면접 과정이 실려 있었다.

"경력이 부족하다고 생각하지 않습니까."

사회 경력란이 텅 비어 있으니 그럴 수밖에. 하지만 그는 머뭇거리지 않고 답했다.

"스펙이 없다고 해서 경험이 없는 것은 아니라고 생각합니다. 남들이 인턴하고 어학연수 다녀올 동안 저도 의미 있는 시간을 보냈습니다. 시간 날 때마다 친구들과 자전거를 타고 전국 일주를 다녔습니다. 힘들어도 이 악물고 덤빌 도전정신을 길렀습니다."

넉 달 뒤. 그는 그 회사의 직원이 되었다고 한다. 그의 자기 소개서는 다음과 같이 작성되었다.

사회인으로서 가장 중요하고 기본적인 자질은 끈기와 팀워크라고 생각합니다. 저는 이 두 가지를 대학교 1학년 여름방학, 친구들과 자전거로 부산까지 여행하는 동안 배울 수 있었습니다. 하루 한 시간 이상 자전거를 타본 적 없었던 저에게는 체력적으로 다소 힘든 도전이었습니다. 특히 정오 무렵 오르막길에서는 당장이라도 포기하고 싶다는 생각이 들었습니다. 하지만 이를 악무는 근성을 키우며 7일 만에 부산에 입성했습니다. 비록 페달은 혼자 밟지만 친구들과 호흡이 중요하다는 것도 깨달았습니다. 맨 앞에서 달리는 사람은 너무 빨라지지 않게 뒤를 배려해야 하고, 뒤를 따르는 사람은 각자 뒤처지지 않게 최선을 다해야 하기 때문입니다. 친구들과 서로 순번을 바꿔 달리면서 서로를 이해하며 우정이 더 돈독해질 수 있었습니다. 팀워크를 바탕으로 끈기 있게 도전할 줄 아는 저야말로 이 회사에 적합한 인재라고 생각합니다.

자전거 여행, 4년 내내 아르바이트를 통한 인간관계, 핸드폰에 꽉 찬 인간 네트워크, 세련된 옷 입기, 거의 전문가 수준의 영화 관람기 등등은 남과 구별되는 좋은 면들이다. 이런 면에서 보면 나이, 이름, 학력 등을 차례로 읊는 천편일률적인 답은 감점하는 수 밖에 없다.

'얼음이 녹으면 뭐가 되느냐' 는 질문에 다들 당연히 '물' 이라고 답했는데 10명 중 1명만 '봄' 이 온다고 대답했다면 '봄' 이라고 답한 사람이 가장 높은 점수를 받을 수 있다. 창의력이 곧 경쟁력이기 때문이다.

지원자들의 순발력을 시험하기 위한 엉뚱한 질문에는 '실현가능성보다 독특하고 재치 있게 답변하는 것' 을 더 많이 선호한다고 한다.

면접에서는 지원자들의 위기 대처 능력과 순발력을 시험하기 위한 엉뚱한 질문들도 자주 등장한다. '맨홀의 뚜껑은 왜 동그란 모양인가?', '산타의 옷은 왜 빨간색인가?'

창의성, 독창성 등이 중요시되는 신입사원의 채용인 만큼 톡톡 튀는 신선한 답변을 원한다는 의견이 많다. 그러나 뜬구름 잡듯 지나치게 황당한 답변은 오히려 인사 담당자에게 역효과를 낼 수도 있으므로 진지하게 접근하는 것이 좋다. 그러나 튀는 사람은 낮게 평가한다. 인사담당자들의 경험을 제시한다.

> ▶ 들어오자마자 들고 있던 비닐봉지에서 음료수를 꺼내 면접관들에게 하나씩 돌리면서 "힘들죠?"라고 하는 지원자
>
> ▶ 가벼운 어조로 "내세울 수 있는 자신만의 특기가 뭔가?"고 물었더니 손가락으로 삿대질을 해 가며 에미넴의 랩을 5분 동안 열라 침 튀기며 똑같이 한다. 뭔 소린지 잘 알 수는 없었지만 "motherf**king"이란 단어는 선명히 들렸다. 방안의 모든 사람들이 말리고 싶었지만 타이밍을 놓쳐 버렸고 분위기는 한 순간에 싸늘해졌다.
>
> ▶ 그룹 면접에서 옆 사람과 짝을 지어 토론을 시켰다. 처음엔 둘 다 조리 있게 잘 얘기하더니만, 갑자기 한 지원자가 "너무 잘난 체하시는 거 아닙니까?"라면서 감정을 건드리기 시작했다. 눈을 부라리던 두 사람은 결국 멱살을 잡고 싸우기 시작했다. 우리는 그들에게 나가서 싸우라고 했다.

나가서도 싸움이 끊이지 않아서 결국 경비원을 불러 건물 밖으로 쫓아내야 했다.

▶ 제 아무리 청산유수로 말 잘하는 지원자라도 그것이 모범 답안을 외운 거라면 탈락이다. "답변 중간에 흐름을 한번 끊어보는데, 답안을 달달 외운 지원자들은 다시 맥을 잡지 못하는 경우가 많다."

긍정적 태도를 가진 사람에게 높은 평가를 준다.

회사에서 필요로 하는 사람은 긍정적 태도를 지닌 사람이다. 그러므로 부정적 태도나 굽신거리는 톤으로 애걸복걸하는 지원자는 낮은 점수를 준다.

예를 들면 '전에 다니던 회사를 왜 그만두셨나요?' 혹은 '전에 다니던 직장의 상사에 대해 기술하세요' 같은 질문에 부정적으로 기술하거나 남을 원망하는 표현이 있으면 감점한다. 그리고 자포자기하는 태도, 질문에 대해 필사적이거나, 애걸하면 감점한다.

그러나 상황에 대해서 자신감을 회복하고, 정서적으로 극복하였다고 기술하면 높이 평가해야 한다. 과거의 해직에 대해 불편해 한다면 그것은 좋은 것이 아니다. 그리고 그 해직의 이유가 회사의 규칙이나 정책의 위반과 관련된 경우에는 낮게 평가한다.

본인 자신이 어떻게 할 수 없는 것들을 긍정적으로 표현하는 것을 높이 평가한다. 질문에 대한 답을 할 때마다 추가 질문을 필요로 한다면 다시 말해 답변의 내용을 정확히 파악하기 어려운 경우는 낮게 평가한다. 왜냐하면 올바로 요약적으로 표현하지 못했기 때문이다. 그리고 누구나 대답할 수 있는 진부한 표현 역시 배제해야 한다.

면접자가 만난 사람이나, 알바 때의 상사, 교수, 부모님 등에 대해 되도록 그 상사의 위치를 존중해 주고, 책임감 있고, 탄력성 있고, 의지력 있는 대답을 높이 평가한다. 그들이 가진 긍정적인 면을 기술하는 것을 높이 평가한다. 인사담당자들이 말하는 긍정적 태도를 가진 사람은 다음과 같다.

*** "긍정의 에너지를 발산하는 사람에게 끌린다"**

"다각도로 면접을 보기 때문에 '긍정적인 척' 하는 것은 금방 드러난다. 어려운 질문에 답변을 하지 못했을 때 표정 관리가 되지 않는 경우도 있고, 그룹 면접을 볼 때 타인에게 적대감을 보이거나 비하하는 발언을 하는 경우도 있다."

"서류를 아예 보지 않기 때문에 인상이 좋으면 거의 무조건 뽑는다. 생김새를 말하는 게 아니다. 밝은 모습이다."

절제력을 보이는 사람을 구별해 내고 높게 평가한다.

어느 인사 담당자의 경험담이다. 농담 삼아 "여자 친구는 있나?"라고 물었을 경우 (필요 없는 질문이지만) 한숨을 푹 내 쉬더니 "있었는데"라고 시작하면서 그녀와 처음 만났던 일부터 싸웠던 이야기와 그녀가 양다리를 걸쳤던 세세한 디테일까지 한참 동안 절절한 목소리로 털어 놓는다. 퍼질러 앉아 소주 한잔 걸칠 것 같은 표정으로 한다면 이는 절제력이 없는 표현이다.

면접자들이 큰 틀(패러다임)에서 삶을 바라보는 것을 높이 평가한다.

'회사에서 어떤 위치에 맞는 경험을 가지고 있는가' 라는 질문에 대해 구직자 자신에게 초점을 맞추고 있는 답 즉 '저는 …한 경험을 했습니다' 보다는 '이 회사는 …한 회사이므로 제가 가진 경험이나 능력은 …이므로 이 회사의 …면에 기여를 할 수 있습니다' 라고 표현하는 것을 높이 평가한다.

'지원자에 대해서 한 가지만 기억하자면 뭘까?' 라는 질문에 대해서는 면접자가 직업과 관련된 것을 말하는 경우 높은 점수를 주어야 한다. 즉 직업과 관련된 취미와 같은 것이다. 단지 모든 사람들이 대답할 수 있는 것이라면 그것은 별로 가치가 없다.

'기대하는 월급' 은 이라는 질문에 대해서 '제가 앞으로 맡게 될 임무와 다른 사람의 월급을 좀 알아본 이후에 그때 말씀 드리겠습니다' 라고 대답하는 것을 높이 산다. 그렇지 않고 바로 구체적으로 월급을 이야기 하는 경우는 높게 평가하지 않는다. 혹은 '주시는 대로 받겠습니다' 와 같은 대답 역시 수동적인 자세라는 것을 알아야만 한다.

이런 답변의 공통점은 면접자가 회사라는 큰 틀에서 답을 하고 있다는 것을 뜻한다. 이밖에 면접을 마무리하면서 '면접에서 아쉬웠던 점을 이야기하며 더 잘할 수 있었음을 강조' 하는 지원자도 감점하다. 면접관의 진행 방법을 비난하는 것으로 해석되기 때문이다. 이보다는 '꼭 회시에 들어오고 싶다는 의사' 를 나타내는 지원자를 높게 평가한다.

열린 마음을 담고 있는
면접자를 파악하여 높게 평가한다.

면접자의 목표에 대한 기술을 묻는 질문에 대해 '내가 이 회사에 들어오면 성장할 수 있다면 무엇이든지 하겠다' 는 열린 마음을 담고 있는 것이 좋다.

너무나 구체적인 것들은 이 회사에 경력 관리하는 곳에서 제공할 수 없는 것일 수도 있기 때문이다. 때로 필요로 하는 자격이나 역량보다 더 많은 것을 가진 면접자가 지원하기도 한다.

요즘 같은 구직난 시대에 고졸 직원 자리에 대졸이, 대졸 지원자 자리에 박사학위자들이 많이 몰린다. 이러한 자격과다의 경우도 '무조건 배제' 나 '무조건 우대' 를 하면 안 된다. 지원자가 회사에서 요구하는 것보다 더 많은 자격을 가진 것이 현재의 회사의 문제를 해결하는 데 더 부가되는 가치를 지녔음을 진술할 수 있다면 높게 평가해야 한다.

최첨단 기술을 익힌다고 하면서도 컴퓨터가 없다고 말하면 그 사람의 자격에 대해 의심해볼만 하다.

'내가 너를 왜 고용해야 되지?' 이런 질문에 대해서는 그 직업에 적당하다는 것을 매치시키는 요구 조건을 정확하게 제시하는 사람에게 높은 점수를 준다. 만약에 그것을 아주 필사적이거나 구걸하는 자세로 한다면 배제하는 것이 좋다. 이런 경우 회사는 면접자들에게 무엇인가를 가르쳐서 적응시키는 게 아니라 그들에게 일을 주어서 행해야 된다는 것을 명심하자.

지원자들이 회사에서 가장 낮은 자로 출발할 자세를 지녔는지 여부를 확인해야 한다. '공주과', '왕자과' 에 속하는 지원자들은 이러한 자세가 없다. 회사의 복지 시설, 결혼 후의 육아 시설 여부 등에 관심이 있다면 낮게 평가할 수밖에 없다. 입사한 이후의 비전을, 회사에 헌신하겠다는 꿈을 답변 내용으로 제시해야 한다.

개선될 수 있는 약점이라면 인정하자.

'너의 약점을 기술해라' 라는 데 있어서 솔직한 것을 보아야 하지만 면접관은 그것이 개선될 수 있는 것인가, 일과 관련하여 행동과 연결될 수 있는가를 보아야 한다.

예를 들면, '저는 시간 약속을 잘 못 지킵니다' 와 같은 것은 개선하기 어려운 것이다. '저는 커피를 지나치게 좋아합니다' 는 커피 회사 입장에서 보면 수용할 수 있는 단점이다. 커피 회사가 아니더라도 이것은 본인의 의지에 따라 고칠 수 있다.

이와 함께 과거의 어려움 극복한 것 높이 평가 한다.

또한 '스트레스가 많은 상황 극복 방법'을 묻는 질문에 '스트레스 극복을 위해 팀워크 형성한 것'이라면 높게 평가한다. 스트레스를 극복하는 과정에서 유머 감각이라든지 커뮤니케이션 능력 같은 것이 나타나면 높게 평가한다. 만약에 부정적으로 나타나기나, 지친 표정으로 '될 대로 되라'는 식으로 그 시기를 넘겼다면 그것은 별로 좋은 점수를 줄 수 없다.

이씨는 올 1월부터 약 5개월간 우체국에서 계약직 사원으로 일을 했다. 동네 구석구석에 위치한 우체국 지점들의 특성상, 고객의 대부분은 이미 오래전부터 거래를 계속 해오던 단골이었다. 그는 얼마 안 되는 돈을 예금하기 위해 거의 매일 우체국을 찾으시는 할아버지 할머니들을 보며 소박하지만 가족과 같은 정겨움을 느낄 수 있었다. 자신의 작은 친절이 그들을 기쁘게 하고 보람을 느끼게 했다. 우체국에서의 경험이 푸근하고 좋았기에 이씨는 제2금융권으로 취업방향을 바꿨다.

지난 8월 청주 상당신협의 채용공고를 본 이씨는 망설임 없이 지원했다. 면접관들은 금융권과는 거리가 먼 이씨의 전공에 대해 염려했지만 이씨는 오히려 "업무적인 부분은 입사 후 배우면 되지만 고객에게 믿음과 신뢰감을 주는 저의 노하우는 아무나 할 수 없는 저만의 장점이다"고 자신의 강점과 약점에 대해 솔직하고 당당하게 말했다. 이씨는 입사원서 접수를 위해 몰려든 지원자들로 인해 인터넷 접속과 전화가 폭주해 업무가 마비될 정도로 경쟁이 치열했던 입사경쟁을 뚫고 결국 취업에 성공했다.

위에 제시하는 예는 자기 자신에 객관적인 분석을 하면서 동시에
자기 개선의 노력을 시도하는 지원자의 모습을 잘 보여 준다.

구체적이고 세세한 응답을 높이 평가한다.

▶ '지원자는 어떤 경우에 가장 동기유발이 잘 되나요?' 같
은 면접관의 물음에 대해서 아주 세세한 답변을 하는 것
을 높이 평가해야 한다. 이런 면에서 열의와 에너지와 같
은 것들을 볼 수 있기 때문이다.

▶ '이 회사에 대하여 아는 것을 말해보아라' 이런 질문에
대해서는 회사를 리서치 상태 및 창립자라든가 경쟁 관계
에 있는 회사, 미래의 제품이나 재고와 관련된 정보를 샅
샅이 제시하면 높게 평가한다. 웹 사이트에 나와 있는 것
이상의 것을 제공하는 것을 높이 평가한다. 그저 웹사이
트의 '리서치' 수준의 것이라면 낮게 평가해도 된다.

▶ '세 가지 긍정적인 점에 대해서 말해보아라' 이런 질문에
대해서는 직업 지식, 조직능력, 성격 이런 것들을 기술하
는 것에 점수를 높이 주는 게 좋다. 다시 말하면 성품과 기
술이 잘 드러난 것들 그리고 되도록 설득력 있는 진술을
높이 평가한다.

▶ 따라서 '저는 굉장히 사려 깊은 사람입니다' 라는 것보다
는 '저는 모든 사람의 생일을 다 기억할 수 있습니다' 그
리고 '카드나 작은 선물을 보낼 수 있을 정도로 사려 깊은
사람입니다' 라고 말하는 사람에게 높은 평가를 주어라.

▶ '제가 생각하기에…' 와 같은 표현이 빈번한 경우 자신감이 없다는 것을 보여줄 수 있으므로 낮게 평가한다. 대답이 너무 초점이 없을 때에는 긍정적인 관점이 아니라 결국에는 부정적인 것을 보여주기 때문에 감점할 수밖에 없다.

▶ 리더십이나 경영스타일을 기술하라는 질문에 대해서는 구체적인 예를 제시하거나 팀에서의 간접적인 역할이 드러난 것을 높이 평가하는 게 좋다. 리더십(지도력)에 대한 가장 기본적인 이해를 보여줘야 된다.

  '각자에게 일감을 주어서 그들로 하여금 일을 열심히 하게 했다' 와 같은 책임 전가형으로 표현되는 것은 낮은 점수를 주어야 한다. 이러한 문항에 대한 것은 '누구와 함께 일을 했으며, 그들을 어떻게 발전시키려고 노력했는가' 라는 표현이 들어있는 것을 높이 평가해야 된다.

▶ 장애 극복의 예 역시 마찬가지이다. 구체적으로 제시해야 하는 것은 높게 평가한다. 보통, 장애에 대해 일반적이거나 때(시간)에 대해서 기술하지 못한 경우는 낮게 평가한다.

▶ '가장 큰 프로젝트에 대하여 말해보아라' 와 같은 질문에는 항상 '나' 라는 표현으로써 그 프로젝트에서 자신이 맡은 임무를 부각시키려는 지원자를 높게 평가한다. 다시 말해서 그 프로젝트 자체가 아닌 프로젝트에서 지원자의 역할을 분명하고, 구체적으로 기술하고 있는 사람에게 높은 점수를 주어야 한다.

열정과 관심을 강조하는 답변을 높게 평가한다. 이러한 열정은 동기, 인성, 야망, 기술력, 지식, 대인관계, 자기계발 등과도 관련된다. 인사 담당자들은 다음과 같이 말한다.

> ▶ 프로로서 회사 일을 자기 사업처럼 여기며 자신의 경력도 쌓아가겠다는 적극적인 의지를 보이는 답을 높게 평가한다.
>
> ▶ 광고를 꾸준히 할 사람을 뽑는다. 그 기준은, 학창 시절 동안 얼마나 광고에 관심을 기울였냐 하는 것. 광고는 동아리도 많고, 공모전도 많은 편이라 실제 업무 못지않게 도전하고 경험할 기회가 많다. 그런 경력이 많다면 일단 이 업무에 대한 이해도가 높고, 열정을 가진 것으로 본다.
>
> ▶ 전공 불문하고 공연계 쪽에 아르바이트를 포함하여 업무 경험이 있는지, 공연을 많이 접해보았는지를 본다. 또 공연 일도 점점 세분화되고 있기 때문에 인터뷰 시 어떤 분야에서 일하고 싶어 하는지 묻게 된다.

자신의 일에 대한 열정을 가져야 하는 이유는 이러한 것이 있을 때 더 놀라운 발전을 할 수 있기 때문이다.

예리한 면접관은 지원자에게 지원 동기, 지원하기를 희망한 때, 지원하기 위한 노력의 정도 등에 대하여 구체적이고 심층적인 질문을 통하여 지원자의 일에 대한 관심과 열정을 분석하고 판단한다. 인사담당자들이 경험한 것을 제시하면 다음과 같다.

- ▶ 입사시험에서 떨어진 후 다시 입사의지를 표현하려는 의미에서 에베레스트 등반에 도전한 지원자
- ▶ 후회 없이 열정적으로 일하다 '—회사에 묻히다' 라는 묘비명을 작성해 온 일편단심 지원자
- ▶ 지원하려는 회사의 특정 점포에 대한 '중장기 발전방향 보고서' 를 돌리는 면접지원자
- ▶ 입사지원서에 자신의 발 도장을 찍은 후 '건강한 발로 열심히 뛰겠다' 고 강조한 지원자

이들은 모두 열정, 그리고 입사하려는 의지가 강한 사람임을 나타내는 것으로 높이 평가한다.

*그러나

- ▶ '몇 년 근무한 후에는 해외로 유학을 떠나 공부를 더 해보고 싶습니다' 라고 말하는 사람은 그 회사에서 계속 근무하고자 하는 의지가 없다는 것을 은연중에 나타내므로 낮게 평가한다.

팀워크, 협력하는 기술, 훌륭한 태도, 이러한 것들이 잘 나타난 것들이 좋다. 최후 마감 날짜를 맞추기 위한 노력 같은 것이

나타나 있다면 높이 평가한다.

"넌 앞으로 아무것도 못해", "넌 한 번도 옳은 일을 한 적이 없어", "바보 같은 것", "어떻게 축구공을 잃어버렸니", "우리 집 개가 너보다 더 영리하다" 류의 말을 들었을 때의 기분과 그것을 극복한 방법 등을 묻는 것도 좋은 것이다. 이것은 통해 면접자의 삶의 태도 등을 파악할 수 있다.

소아과 의사 희망자 혹은 백화점 내의 아동복 코너에 근무할 사람을 뽑는다면 면접자에게 '아이의 말을 잘 들어주는 방법', '아이를 존중하는 태도', '아이의 긍정적인 내면을 보는 방법', '아이가 표현하는 말의 속뜻' 등을 파악할 수 있는지 여부를 물어야 한다. 그리고 이들에 대해 열정적인 태도를 지니고 있는 면접자를 높이 평가한다.

잘 듣는 사람은 높게 평가한다.

이야기를 하는 것만큼 중요한 것이 바로 이야기를 잘 듣는 것이다. 한 명의 면접관이 여러 명의 면접자를 대하는 다 대 일 면접의 경우 한 명의 지원자가 말할 수 있는 시간보다 다른 지원자의 답변을 들어야 하는 시간이 더 많다.

이럴 때 '다른 지원자의 얘기에 적극적으로 반응하며 자연스러운 포즈를 취하는' 면접자를 눈여겨본다. 다른 이의 의견을 주의 깊게 듣는 것은 포용력과 이해력이 높기 때문에 높게 평가한다.

최근 면접의 또 하나의 트렌드는 '경청 자세'를 눈여겨보는 것이다. 인사 담당자들은 "능력이 뛰어난 데도 토론 면접 같은 데서 남의 얘기를 잘 안 들어 떨어지는 지원자들이 많다"고 전한다.

이제 면접이 끝나 가는데 "마지막으로 질문할 것 있어요?"라는 질문에서는 여태까지 반복한 것처럼 "네가 우리 회사에서 무엇을 할 수 있니?"라는 기본 바탕에서 "제가 면접자의 입장에서 보건데 이 회사에서는 이러한 일을 원하시는 것 같은데요"와 같이 관련된 질문을 하는 면접자를 높이 평가한다. 왜냐하면 그는 그동안 면접에서 열심히 들었기 때문이다. '아니오', '질문 없는데요' 같은 대답은 그가 소극적으로 질문에 임했음을 나타낸다.

솔직함을 높게 평가한다.

솔직함을 어떻게 평가할 것인가? 솔직하지 못할 경우 회사 업무 과정에서 자기 감정을 속이거나 잘못된 판단을 할 경우가 높기 때문에 솔직한 것에 대해서 높게 평가한다. 솔직함은 자신감과 연결되기 때문이다. 첫인상, 유머, 솔직함 모두 자신감으로 통한다.

'모르는 질문'에 아는 부분만이라도 대답하거나 제대로 모르면 솔직히 모르겠다고 대답하는 지원자에게 높게 평가한다. 그러나 '질문과 관계없는 것에 대해서라도 충실하게 답한다'는 최대한 성의를 보이려는 태도지만 결과적으로는 두서없는 모습이므로 낮게 평가한다.

다음과 같은 예는 솔직한 태도이기는 하지만 높게 평가하기 어렵다.

"우리 회사에 지원한걸 보니 원래 컨설팅에 관심이 많았나 보죠?"(한참동
안 골똘히 생각한 후)
"..... 아뇨, 관심 없습니다. 아무래도 거짓말은 못하겠습니다."

솔직하다는 것은 진지하고 성실한 자세로도 연결된다. 따라서 면
접관은 말을 듣거나, 말을 할 때 항상 진지한 자세를 유지하는 면접
자를 높게 평가한다.

자기 소개서 평가 방법

면접은 자기 소개서를 기초로 하여 이루어진다. 자기 소개서는 면접관이 지원자에 대한 준비를 위해 활용할 수 있다. 자기 소개서에서 질문 내용을 선정하기도 한다. 그런데 만약 자기 소개서만으로 평가를 해야 한다면 무엇을, 어떻게 평가해야 될까?

자기 소개서는 구체적인 경험을 토대로 작성한 것을 높이 평가한다. 단순 나열식보다는 대표적인 프로젝트 수행 실적과 어려운 일을 완수해 낸 과정 등을 구체적으로 기술한 것을 높게 평가한다. 즉 프로젝트는 어떤 방식으로 운영됐는지, 그 안에서 본인이 어떤 역할을 했는지 솔직하면서도 구체적으로 담아내는 것이 필요하다.

"친구가 많은…", "뽑아만 주면…"식의 표현은 낮게 평가한다. 이는 앞에서 언급한 일반 답변 태도에도 그대로 적용된다. 상투적이므로 진부한 느낌을 주고 다른 사람과 구별되지 않는 것이고, 긍정적 태도 표현이라고 보기 어렵기 때문이다.

다음과 같은 인사전문가들의 말은 참고할 만하다.

▶ 해외연수나 자원봉사 등에 치우쳐 설명한 자기 소개서는 더 이상 인사 담당자에게 매력이 없다.

▶ 문장이 길고 장황한 이력서, 파워포인트를 써가며 화려하게만 장식한 이력서는 대부분 탈락시킨다.

▶ 자서전을 읽고 있는 듯한 자기 소개서는 낮게 평가한다.

▶ 이력서를 읽고 난 후 가장 기억에 남는 단어 세 개가 회사와 관련이 있으면 높은 점수를 준다.

▶ 이력서를 꾸미기 좋은 '투 머치 공부'는 정말 서류상에서만 그 힘을 발휘한다. 현장 경험이 없는 페이퍼 인재형은 업무에서는 융통성과 순발력이 부족한 경우를 많이 보았다.

▶ 단점까지 보여주는 진솔함을 높이 평가한다.

▶ 장점을 꾸밈없이 보여주는 것은 물론, 단점도 이렇게 극복하며 산다는 것을 보여줄 때 호감이 간다. 취업이 어렵다보니, 스터디 등으로 훈련이 잘되어 있는 지원자들이 워낙 많다. 문제는 회사 업무나 인간관계에 적응할 수 있는 능력을 키운 것이 아니라 면접만 넘기려는 임기응변인 경우가 대부분이라는 것. 매 질문마다 답변을 청산유수처럼 줄줄 외우는 것이 느껴진다. 그러면 미리 예단하게 되고, 그 사람을 더 알고자 하는 호기심이 들지 않는다. 진솔하게 자신을 드러내라.

▶ 지원자들이 자신을 드러내기 위해 '무언가 다른 것'을 보여줄 때 관행적 표현, 추상적 단어의 나열보다는 질문의 핵심을 파악하고, 실제 스스로가 경험한 사례로 풀어 설

명하는 것을 높이 평가한다.

이제 자기 소개서 평가 방법에 대해 살펴보기로 한다.

자기 소개서에 있어야 할 내용을 확인한다.

다음과 같은 내용은 자기 소개서에 있어야 될 것들이다. 업무나, 회사의 특성과 관련하여 반드시 있어야 할 것을 체크하고 자기 소개서에 나타나 있는지 살펴본다.

- 자신의 강점과 관련된 채용해야 하는 이유를 합리적으로 기술하고 있는가?
- 학점, 어학 성적, 자격증, 제2 외국어 구사 능력을 기술하고 있는가?
- 제한된 글자 수까지 분량을 채우는 정성과 일관성 있는 전개를 하고 있는가?
- 자신의 역할로 인한 변화를 구체적으로 기술하고 있는가?
- 사업 제안서나 기획안, 프로젝트 관련 자료 등을 이용한 지원자의 능력을 구체적으로 제시하고 있는가?
- 지원자가 자기 자신에 대한 요약을 올바로 하고 있는가?
- 경험, 회사에 대한 경력, 직업과 관련된 장점들, 지식과 기술, 의사 소통 능력, 인사관리, 사람 다루는 습관 등을 올바로 제시하고 있는가?
- 지원 회사에 대한 관심, 직무 연관성 혹은 전문성을 제시

하고 있는가?

▶ 지원자의 기본적인 자질, 성격, 비전을 제시하고 있는가?

이들 중에는 대개 문학적인 수사나 그럴 듯한 내용이 있어 면접관의 심금을 울리기도 한다. 그러나 면접관은 이러한 감정 영역에 끌려서는 안 된다. 역량은 감정이나 정서의 영역이 아니다.

'구슬이 서말이라도 꿰어야 보배' 인 것처럼 '서말' 이나 되는 구슬 즉 지원자의 경험들이 회사에 필요하거나 적절한 인물로 하나로 일관되게 엮여 있어야 한다. 그리고 낱낱이 기술하는 것들이 하나로 즉 회사에의 기여 정도로 묶여있을 때 높게 평가한다.

또한 모든 경험이 생생하게 표현되고 있는지 확인해야 한다. 이를 위해 일과 관련된 경험과 그렇지 않는 경험을 관련지어 본다. 그리고 현재의 경험과 최근의 경험을 관련 짓는다. 지원자의 모든 것이 회사에서 맡을 임무에 적절한가를 보아야 한다.

예를 들면, 승무원의 주요 역량으로는 국제선 비행에 대비한 지식과 외국어 실력, 위기 상황에 대처할 수 있는 순발력, 투철한 봉사 정신, 강한 체력, 강한 자기 통제력, 사회성 등이다. 이런 특성들을 지원자의 경험과 관련지어 기술하고 있는지 살펴보아야 한다.

이야기 구성 방법을 본다.

스토리텔러(story teller)를 높게 평가한다. 자기 소개서는 물론 질문에 대한 납변 내용도 이러한 스토리텔링 기법으로 전개하면 감동을 주기 쉽고, 이해하기 쉽다. 스토리텔링 구성 방식으로 답하거나 기술한다는 것은 이미 어떻게 표현해야 상대방을 감동시키며, 오래 기억시킬 수 있는가를 아는 의사 소통 능력이 뛰어난 면접자이다. 면접자의 장점과 역량을 과거에 직접 겪은 이야기를 다음과 같은 요소를 표현하고 있는지 살펴본다.

 스토리텔링 구성 요소

① 상황─상황을 기술하고 배경되는 정보를 제공하고 있는가
② 직면한 어려움─직면한 문제, 도전 방법 모색, 방해 요인들을 기술하고 있는가
③ 행동─어려움을 해결하기 위해 행한 행동을 기술하고 있는가, 그것이 적절한가
④ 결과─행동을 취하여 변한 결과를 양적으로 기술하고 있는가
⑤ 평가─경험에 대한 요약 혹은 평가를 올바로 하고 있는가

아래 제시하는 자기소개서는 스토리텔링 기법으로 쓴 것이다.

저는 어느 식당에서 아르바이트 할 때 많은 손님들을 접했습니다. 간혹 다 먹고 너무 짜서 돈을 못 내겠다며 화를 내는 손님도 있습니다. 그

럴 때 저는 고객님과 구부리고 앉아 눈을 마주하고 고개를 끄덕거리며 고객님 말을 경청합니다. 충분히 이해한다는 제스처를 취하면서 고객님께 공감해드리고 원하는 바가 무엇인지 차분히 파악합니다. 새로운 메뉴를 만들어드리거나 다음에 사용하실 수 있게 쿠폰을 드린다거나 가격을 할인해드리기도 합니다. 그러면 그 고객님은 화를 풀고 다시 방문해 주시는 경우가 대부분입니다. 저는 3년간 이 식당에서 일하면서 상대방의 입장을 이해하고 감정을 조절하는 법을 배웠습니다. 뛰어난 인간관계 스킬이 저의 장점이라고 생각합니다.

이러한 자기 소개서를 앞에 제시한 구성 요소에 맞추어 분석하면 다음과 같다.

①저는 어느 식당에서 아르바이트 할 때 많은 손님들을 접했습니다. ②간혹 다 먹고 너무 짜서 돈을 못 내겠다며 화를 내는 손님도 있습니다. ③그럴 때 저는 고객님과 구부리고 앉아 눈을 마주하고 고개를 끄덕거리며 고객님 말을 경청합니다. 충분히 이해한다는 제스처를 취하면서 고객님께 공감해드리고 원하는 바가 무엇인지 차분히 파악합니다. 새로운 메뉴를 만들어드리거나 다음에 사용하실 수 있게 쿠폰을 드린다거나 가격을 할인해드리기도 합니다. ④그러면 그 고객님은 화를 풀고 다시 방문해 주시는 경우가 대부분입니다. ⑤저는 3년간 이 식당에서 일하면서 상대방의 입장을 이해하고 감정을 조절하는 법을 배웠습니다. 뛰어난 인간관계 스킬이 저의 장점이라고 생각합니다.

앞에서 말한 ① 상황 ② 어려움 ③ 행동 ④ 결과 ⑤ 평가의 구조 속에서 자기 소개서를 쓴 썼으므로 기억하기 쉽고, 감동을 준다.

그러나 처음부터 끝까지 스토리를 말하는 면접자는 감점한다. 주로 주부를 비롯한 기혼 여성에게서 많이 찾아볼 수 있는데, 이는 '지루하다' 는 인상을 줄 수 있다. 핵심만 말하는 것이 중요하다.

물론 서론, 본론, 결론으로 논리적으로 말하는 것을 지적하는 것이 아니다. 학창시절 봉사 활동에 대해 말하라고 할 때, 몇 번 버스를 타고 가서 내리면 그들이 어떻게 나를 반기고 그래서 몇 시간 동안 무엇을 하고 등등 세심하게 말하는 것보다 원하는 핵심 내용을 일정한 구성 요소로 나누어 기술하고 있는 것을 높이 평가한다.

내용과 태도의 일치성 여부를 판단하라.

자기 소개서에서 제시하고 있는 성격, 인화력, 특기, 장단점 등을 신뢰할 수 있는가? 얼굴이 뻘개져서 땀을 뻘뻘 흘리는 면접자가 자기 소개서에는 "저의 장점은 어디에서나 당황하지 않는 침착함과 집중력입니다"라고 써있다면 그건 코미디일 것이다.

봉사정신이 많다고 했는데 정작 봉사 기록 란은 비어있다면 이것이 높이 평가하기 어렵다. early adapter라고 하면서 정작 취미는 등산이며, 조용히 사색하는 것을 좋아한다는 지원자, 유행의 첨단을 걷는 사람들을 싫어하는 패션 디자이너 등은 모두 면접관의 지루함을 달래주기 위해 지원한 사람이다.

맞춤법, 문법에 맞는 문장을 쓰는 것은 가장 기본적인 것이다. 서체, 글씨 크기, 정렬 방법까지도 꼼꼼히 체크하도록 한다. 이를 위해 면접관은 국어 사전을 옆에 놓고 자기 소개서를 평가해야 한다.

자기 소개 평가 방법

　　　　일반적으로 '자기 자신'에 대해 소개해 보라는 질문에 대한 평가 방법이다. 즉 '3분 스피치 시간' 등을 주고, 지원자에 대해 소개하는 경우 다음과 같은 점에 유의하여 평가한다.

▶ 공적인 특성에 맞게 하는가? 말투, 어휘, 복장, 태도 사용의 적절성을 파악한다.

▶ 자신에 대한 철저한 성찰과 분석이 되어 있는가?

▶ 장단점을 솔직하고 차분하게 표현하고 있는가?

▶ 아무 의미 없는, 지나친 자기 자랑이나 지나치게 겸손한 자세를 보이고 있는가?

▶ 직무에 맞는 면접자의 성향이 나타나 있는가?

▶ 지원 분야의 적임자임을 강조하고 있나?

▶ 자신의 약점이나 장점을 잘 알고 있으며 이것이 회사에서의 직무와의 관련성이 있는가?

▶ 핵심 있는 발언을 하고 있는가?

▶ 논리력, 독창성이 있는가?

▶ 그 자리에서 자연스럽게 자신을 설명하는가?

▶ 창의적인 자기 소개인가? 즉 자신의 표현 스타일이 있는가?

▶ 발표자는 자신에 대하여 충분히 생각을 하고 말하는가?

▶ 자신을 잘 나타내는 한 가지 주제를 선택하여 집중적이고 구체적으로 소개하였는가?

▶ 자신의 어떠한 측면에 대해 말하는지, 목적을 뚜렷이 말했는가?

미리 준비해 온 형식을 외워 철저하게 대답하는 지원자는 그리 높게 평가하기 어렵다. 미리 답변을 준비했다 하더라도 모범답안을 읽어 내려가는 듯한 자기 소개보다는 최대한 자연스럽게 풀어내는 것을 높게 평가한다.

프리젠테이션 평가 방법

　　　　프리젠테이션 면접은 주제에 대해 일정시간을 주거나 사전 공지된 주제에 대해 면접관 앞에서 발표를 하게 하는 면접이다. 지원자의 발표력과 자신감, 기획력, 논리력 등을 두루 평가하기 위한 프리젠테이션 면접은 '무엇을, 어떻게 말하는가' 로 나누어서 평가해본다.

　'무엇을' 에 해당하는 부분은 면접을 치르는 사람들이 갖추고 있는 지식이 비슷하기에 큰 차이가 나타나지 않아 변별력은 낮다. '어떻게' 전달하느냐가 훨씬 중요하다. 같은 내용이라도 로봇이 대사를 외운 것처럼 무미건조하게 말을 한다거나, 준비해 온 대본을 낭독하는 사람보다는 자신의 용어로 '발표' 를 하는 사람이 좋은 평가를 얻을 수 있다.

　프리젠테이션 면접은 일반적으로 지원자들에게 다른 문제를 주고 20여분 동안 준비할 시간을 준 후 5분 안팎의 시간 동안 발표하는 방식으로 진행한다.

　발표할 때는 자신이 질문을 받았을 때 충분히 대답할 수 있는 내용을 다룬 지원자를 높이 평가한다. 무리해서 확실하지 않은 내용을 말하여 질의 응답 시간에 지적을 받으면 낮게 평가한다. 당황하지 않고 논리적으로 대처하는 여부도 중요한 평가 기준이다. 반대로 다른 사람의 발표 내용을 잘 듣고 그에 대한 질의 응답에 활발히 참여하면 높게 평가한다. 이때 날카로운 지적은 좋지만 '까칠한' 태도를 보이면 낮게 평가한다. 다소 곤란한 질문을 받았다 하더라도 여유 있는 표정과 태도로 자신의 의견을 말하고 또한 질문에 대한 답변을 장황하게 늘어놓기보다는 논리적인 판단을 근거로 핵심만 간단히 말하는 지원자는 높게 평가한다.

프리젠테이션 면접에서는 자신감 있는 태도, 명확한 표현 능력, 단정한 용모, 시선 처리, 제스처, 목소리 톤 조절 등을 중점적으로 평가한다. 이를 세부적으로 나누어 제시하면 아래와 같다.

▶ 도입부가 신선하고, 재미있는가?

▶ 파워포인트는 가급적 세 개 이하의 단위로 슬라이드가 구성되어 있는가?

▶ 메시지는 시각화되어 있고, 감동을 남겨 주는가?

▶ 짧은 문장을 사용하여 말하는가?

▶ 정해진 시간 내에 전하려는 내용을 '도입–전개–마무리'로 나누어 자신의 논리를 전개하고 있는가?

▶ 진실하고 진지한 발표로 느껴졌는가?

▶ 다양한 자료를 준비하여 발표했는가?

▶ 발표 내용이 논리적이며 체계적이었는가?, 명확하게 화자의 스피치 내용을 전달 받았는가?

▶ 예고를 잘 하였나?(스피치 전체에 대한 예고, 주요 아이디어들에 대한 예고, 세부 내용에 대한 예고)

▶ 중간 요약 및 전체 요약을 했으며, 적절했는가?,

- ▶ 전체적으로 발표가 흥미로웠는가?
- ▶ 적극적이고 열의가 있었나?
- ▶ 자연스럽게 들렸나?
- ▶ 말의 빠르기와 크기는 적질했는가?
- ▶ 휴지(pause)를 효과적으로 잘 사용했는가?
- ▶ 발표 자세와 제스처(팔과 손, 몸짓의 처리)가 적절했는가?
- ▶ 시선 처리는 자연스럽고 적절했는가?
- ▶ 얼굴 표정은 자신감 있고 호감을 주었는가?
- ▶ 청중의 반응을 고려하며 발표하였는가?
- ▶ 청중과의 정서적 연대를 효과적으로 창출했는가?

프리젠테이션 면접에서는 앞에 나와서 중얼중얼거리며 개미 목소리만한 소리로 이야기하는 사람, 건들건들한 태도로 이야기하는 사람, 처음부터 끝까지 줄곧 똑같은 목소리 톤과 빠르기로 이야기하는 사람, 청중을 보지 않고 오직 자신이 준비해 온 원고만 내려다보는 사람들은 모두 감점한다.

발표를 시작하면서 '제가 잘 알지는 못하지만', '준비를 많이 하지는 못했지만' 등의 겸손함을 나타내려는 상투적인 인사말을 사용하면 감점한다. 발표자가 발표를 할 때 청중들이 자꾸 시계를 보거나, 두리번두리번 거리거나, 하품을 하며 지루한 표정을 짓는다면 감점한다.

토론 면접에서의 평가 기준

　　토론 면접은 시사 문제를 포함해 상반된 주장이 가능한 문제를 놓고 여러 지원자가 토론을 통해 결론을 도출하고 면접관은 이 과정을 관찰하여 평가하는 방식이다. 대부분의 1차 면접 후 다음 단계로 시행하게 되며, 개인의 발표력과 리더십, 논리력, 청취력, 이해력, 설득력, 협조성, 적극성 등을 토론 과정을 통해 종합적으로 평가한다.

　　토론 진행 중 어떤 상황에서도 감정적인 것보다는 논리적이고 객관적으로 대응하는 자세를 높게 평가한다. 튀어 보이기 위해, 과도한 리더십을 보이려 하거나, 토론의 요지에서 벗어나 개인적 지식을 자랑하는 듯한 태도는 낮게 평가한다.

　　냉소적인 표정이나 '목소리가 크면 이긴다' 는 식의 토론 태도는 낮게 평가한다. 상대방의 논리가 다소 허술하다 하더라도 이를 대놓고 비판하기보다 "○○○씨가 그와 같은 의견을 말씀하신 이유를 이해하지만 제 생각에는…"식으로 자연스럽게 자신의 주장을 말하는 지원자는 높게 평가한다.

　　타인의 의견도 경청하고 수용하면서 자신의 의견을 논리적으로 주장하고 설득하는 태도를 높게 평가한다. 상대방이 이야기할 때는 반드시 그 사람을 바라보며 공감하는 내용이 나올 땐 고개를 끄덕이는 등 듣는 자세를 나타내는 사람을 높게 평가한다.

토론 면접에서는 다음과 같은 점에 유의하여 평가한다.

▶ 논점이 적절힌기?

▶ 제시하는 대안이 유용한가?

▶ 의견이 빗나가지는 않는가?

▶ 논지에 맞는 올바른 의견을 내는가?

▶ 다른 논자들과 협조적인 자세를 보이는가?

▶ 상대방의 입장에 서서 생각할 수 있는가?

▶ 집단에 적합한 사고방식을 가지고 있는가?

▶ 적극적인 태도를 지니고 있는가?

▶ 여러 의견을 조정하며 집단 목표를 달성할 수 있는가?

▶ 도전적 기백이 있는가?

▶ 진취적인 계획력이 있는가?

▶ 넓은 관점에서 논점을 파악하고 있는가?

특이 면접 평가 방법

짧은 시간에 지원자의 다양한 면모를 파악하기 어렵다는 판단에 따라 면접 방법이 다양해지고 있다.

1박2일 합숙 면접, 등산 면접, 요리 면접, 술자리 면접 등이 그것이다. 면접관들은 이 과정에서 자연스럽게 지원자들의 사회성, 조직 적응력을 평가하고 숨은 잠재력을 찾아낸다. 특히 지원자들이 함께 생활하며 '조별 과제'를 수행해가는 과정에서 협동심이나 팀워크를 평가하고 싶어 한다.

앞에서 언급하였지만 면접은 서류상으로는 볼 수 없는 창의성, 조직력, 인성, 자질 등을 체크하기 위한 것이다. 면접의 유형은 달라도 목적은 동일하다. 즉 인재 다시 말해 회사에서 필요로 하는 능력을 갖추었는지를 확인하기 위한 것이다.

합숙 면접은 합숙을 통해 지원자의 인성, 태도 등 역량을 종합적으로 평가하기 위한 면접 유형이다. 진행되는 프로그램에 따라 팀 프로젝트나 집단 토론이 진행되기도 한다. 면접 평가는 프리젠테이션 면접이나 토론 면접의 평가와 동일하게 하면 된다.

압박 면접은 면접관들이 의도적으로 응시자의 약점을 파고드는 질문을 통해 심리적으로 압박을 가하는 면접 방법이다. 면접관들이 때로는 빈정거리고, 때로는 논쟁을 걸듯 하고, 때로는 아무 질문도 하지 않고 지원자를 계속 기다리게 한다.

"학점은 왜 이렇게 낮은가? 우리는 공부 못하는 사람은 필요 없다", "자기 소개서에 쓴 경력이 다양한데 끈기가 없는 것은 아닌가?"

이러한 질문으로 구성되는 압박 면접은 지원자가 난처한 상황에서 어떻게 대처하는지 알아보기 위해 실시한다.

완벽하게 대답하려 하기보다는 차분한 말투로 "학교 성적 관리에 소홀했던 것은 사실이지만 현재 어떤 공부를 하고 있으며 어떤 자격증을 준비하는 등 지금은 부단히 자기계발에 힘쓰고 있다", "진로를 확정하기 전에 최대한 다양한 경험을 해보고 싶었고 그 결과 이 회사에 지원하기로 결정했다"는 등 조리 있게 자신의 입장을 설명하는 지원자를 높게 평가한다.

술자리 면접은 면접관들과 저녁식사를 겸한 술자리를 갖고 면접을 보는 방식이다. 술자리에서의 태도, 사회성, 표현 능력 등을 평가하는 것이다. 술자리 면접은 기본적으로 지원자들의 인성을 파악하는 것이 주목적이기 때문에 편안한 분위기에서 사람을 대하는 방법, 개인의 적성, 기업 적응력 등을 알아본다.

등산 면접은 말 그대로 산에 오르면서 진행된다. 면접관은 산에 오르면서 자연스러운 질문을 통해 지원자들을 평가한다. 평범한 대화 속에서 자신의 생각이나 의견을 전달할 수 있는 능력이 기초 체력만큼이나 중요하다고 인사 담당자들은 말한다.

6장

면접에서의 유머

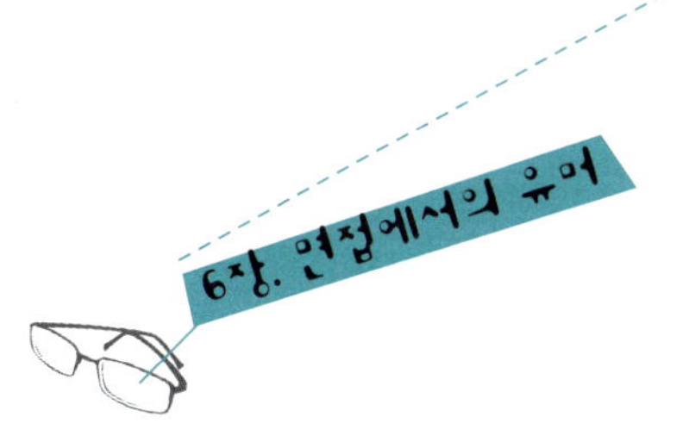

　　이 장에서는 면접에서의 유머 사용의 적절성에 대해 살펴본다. 반복적으로 언급하듯이 면접에서는 면접자의 능력 즉 역량을 뽑아내고자 하는 것이다. 이 관점에서 본다면 회사에서 필요로 하는 인물과 유머 사용자와의 관련성이 논의되어야 한다. 이를 위해 유머와 웃음의 관계에 대해 알아보고, 유머를 이해하고 표현하는 것과 의사 소통 능력과의 관련성에 대해 살펴본다.

유머는 무엇일까? 유머에 대한 사전적 정의는 다음과 같다.

'어떤 말이나 표정, 동작 등으로 남을 웃게 하는 일이나 능력 또는 웃음이 나게 만드는 어떤 요소'

이와 유사한 용어로는 우스개, 익살, 해학, 조크, 농담, 위트, 재치 등이 있다. 이들의 공통점은 바로 웃음을 유발한다는 점이다. 그러면 웃음이 무엇인가?

웃음에는 미소(微笑) · 고소(苦笑) · 홍소(哄笑) · 냉소(冷笑) · 조소(嘲笑) · 실소(失笑) 등 다양하다.

웃는데 기분 나쁜 느낌을 주기도 하고, 나를 비웃는 듯한 느낌을 받은 적이 있을 것이다. 웃음의 종류가 다양하기 때문이다. 그리고 같은 우스갯말이라도 성별, 계급, 연령, 시대, 문화에 따라서 웃음의 정도가 및 이해 정도가 달라진다. 이를 웃음의 주관성이라고 한다.

언제 웃는가 혹은 언제 웃을 수 있는가의 문제는 학자들마다 의견이 부분하다. 쇼펜하우어는 어떤 관념과 관념이 불균형일 때 웃음이 나타난다고 하였다. 예를 들면, 신사가 바나나를 밟고 넘어진다거나, 어린이가 어른 바지를 입었을 때 등이다.

자스틴은 놀람과 기대의 어긋남, 우수(優秀)와 실패, 부조화와 대조, 사교적 미소, 긴장의 해방, 유희 이런 경우 웃는다고 보았다. M. 베르트하이머는 만화를 보고 웃는 것은 부분적으로는 닮지 않았으나 전체적으로는 근사하게 닮았을 때의 감정이라고 하였다.

H. 베르그송은 자유로워야 할 인간이 부자유한 기계와 같은 운동을 하였을 때, 즉 정신이 물질화하였을 때 웃음이 나온다고 하였다. W. 멕도갈은 애교 있는 웃음은 상대에 대한 호의의 표시이며, 조소는 상대에 대한 가벼운 비판이라고 하였다.

유머나 웃음을 일정한 원리에서 설명하는 것이란 쉽지 않다. 그러므로 함부로 유머를 사용하는 것이 바람직한 것은 아니다. 상황에 적절하게 활용해야 한다. 더욱 면접자와 면접관은 같은 나이도 아니며, 같은 문화를 향유하는 것도 아니기 때문에 면접장에서의 유머 사용에 신중해야 한다.

흔히 유머는 스펙이나 능력으로는 채우기 어려운 인간적인 친근감을 느끼게 한다는 점에서 면접에서 권장하는 요소 중의 하나다. 면접장에 갈 때는 유머 소재, 유머러스한 표현 한 두 가지쯤은 가지고 가는 게 좋다고 많은 면접 책에서 충고한다. 즐거운 분위기가 되면 면접관과 지원자 간의 벽도 쉽사리 사라지게 된다고도 충고한다. 그리고 지나치면 실없는 사람으로 비치거나 무례하게 보일 수도 있으니 주의해야 한다고도 한다. 이쯤 되면 유머가 면접에서 독(毒)인지 약(藥)인지 구별이 되지 않는다. 어떤 경우, 어떻게, 유머를 사용하는가에 대해 고민은 여기에서부터 출발한다.

　　면접에서 유머 사용자를 높게 평가하는 근거를
단지 웃음을 유발하는 것에서 찾아서는 곤란하다. 그렇다면 면접자
들은 다양한 방법으로 미리 유머를 준비해 와 면접관 앞에서 재롱 피
우는 마음으로 펼쳐 놓으면 된다.

　　단순히 외워 온 것을 다소 우스꽝스럽게 표현한다고 해서 그 사람
을 유머가 있다거나 혹은 역량이 있다고 보기 어렵다. 이런 경우 태
어나기를 즉 기질적으로 유머러스한 사람이 높은 점수를 받기 마련
이다.

　　기질적으로 웃기는 사람과 회사에서 뽑으려고 하는 역량을 갖춘
인재상과의 관련성 여부는 회사의 특성에 비추어서 파악해볼 일이다.

　　면접 과정에서 지친 면접관들이 이를 해소하기 위해 웃기는 말을
해 보라고 할 때가 많다. 만약 이러한 의도에서 웃기는 사람을 뽑는
다면 여러분의 회사는 회사에서 필요한 일을 할 수 있는 능력을 갖춘
사람이 아니라 단지 웃기는 사람을 뽑을 수 있을 뿐이다.

　　면접에서 유머를 적절하게 사용하는 사람은 여유와 자신감, 의사
소통 능력이 높은 사람이므로 높게 평가하는 것이다. 면접에서 의사
소통 능력이 뛰어난 사람을 뽑으려고 하는 것은 의사 소통 능력이 뛰

어난 인재들이 일반적으로 대인 관계가 뛰어나기 때문이다. 그리고 유머러스한 사람들이 적응을 잘해 조직 활성화를 잘할 수 있는 역량이 있다고 보기 때문이다.

유머는 의사 소통을 활성화 시킨다는 점에서 필요하다. 유머가 있는 사람은 삶의 여유가 있고 사물을 따뜻하게 볼 수 있다. 즉 대화에서의 유머는 긍정적으로 기능한다. 대화에서 유머를 사용하면 긴장감을 완화시키고, 대화를 활발하게 한다.

유머를 잘 구사할 수 있다는 것은 사물을 새로운 관점에서 보거나, 서로 다른 사물을 연관시킬 수 있다는 것이다. 이러한 것은 새로운 관점에서 파악하는 통찰력이 있음을 말해준다. 따라서 유머 사용을 단지 웃는 것 즉 웃음을 유발하는데 중점을 둘 것이 아니라 이해와 표현과 관련지을 수 있다.

'그냥 나를 좀 웃겨보세요' 라는 것은 '면접에 지친 면접관을 위로해 보세요' 와 동일한 표현이다. 면접의 목적에도 맞지 않을 뿐만 아니라 면접자는 면접관을 위로할 의미와 권리가 없다는 것을 명심해야 한다.

몇몇 예를 통해 유머와 의사 소통 능력의 관계에 대해 살펴보기로 한다.

'바르는 足足, 무좀은 사라집니다'

이 표현이 웃음을 유발하는 이유는 무엇일까? 면접의 물음에는 정답이 없지만 여기에는 있다.

이 정답이 이 표현의 웃음을 유발하는 열쇠이다. 즉 '족족' 이라는 의태어를 무좀과 관련된 '발족(足)' 자를 연결 지은 것이다. 만약 이 표현에서 웃지 못한다면 기질의 문제가 아니라 '족족' 과 '무좀' 을 연결시킬 수 없는 의사 소통 능력이 없는 다시 말해 언어 구사 능력이 없는, 좀 둔한 사람이다. 눈치란 새어머니 밑에서 밥먹을 때 나타나는 것만을 뜻하는 것이 아니다 . 눈치란 상황 판단력이다. 의사 소통 능력이 뛰어나다는 것은 바로 이러한 '눈치' 가 있다는 의미이다.

이와 같은 방법으로 자신을 소개하기를 요구한다면 이를 통해 통찰력을 파악할 수 있다.

다음과 같은 것을 주고 왜 웃기는지 즉 웃음의 이유를 파악하는 것도 중요한 방법이다.

목욕탕에 간 사오정 ......
사오정이 때를 미는데 너무 많이 나와서 때밀이 아저씨께 밀어 달라고 했위와 같은 예를 주고 '왜 웃음이 났나요?'를 분석하게 하면 유머를 이해할 수 있는 의사 소통 능력을 지닌 사람 여부를 파악할 수 있다. '때' 그리고 '지울 때 나오는 것'의 관련성을 이해할 때 웃는다.

사물에 대한 생각이나 인간에 대한 따뜻한 배려로서의 유머라는 표현 방법을 사용하여야 한다. 유머 표현이 억지 웃음이나 감각에 의한 것이 아니라 감동이나 공감을 얻을 수 있도록 노력해야 한다. 그러므로 유머라는 것은 단순히 보는 이들을 웃음으로 인도하는 것만이 아닌 진정 마음 깊은 곳으로부터 우러나는 표현 방법이다.

"글쎄요. 연기야 저녁에 나는 게 보기가 좋은데 그게 가짜 연기도 있나요?
연탄불 피우는 연기인가…… 좀 복잡하군요."
"내가 도통 텔레비전을 안 보니까 저녁 연기라는 게 있는지 없는지를 몰라.
하여간 어머니께선……"

"아아, 그러니까 그게 「전원일기」를 말씀하시는 거군요."
"음. 저녁 연기. 자네는 역시 발음이 나쁘군."
나는 잠자코 웃고 말았다. 아흔 먹은 노인네라면 「전원일기」를 '저녁 연
기'로 착각할 수도 있었다. 오히려 저녁 연기라는 말이 더 친숙하고 정겹
고 깊이가 있다고 나는 생각했다. 그런데 그가 겨우 맥주 한 병을 공짜로 마
시고 나서 두유 한 병을 외상으로 얻은 다음 만취한 사람 못지않게 비틀거
리는 걸음걸이로 가게를 나서면서 한 말이 걸작이었다.
"거 스트롱 있으면 하나 주게."
나는 얌전하게 빨대를 꺼내 그에게 건네주고 나서 그가 골목을 돌아 사라
진 다음 끝내는 하하하, 웃고 말았다. (완전주의자를 위하여 – 성석재)

▶ 이 글을 읽고 웃었는가? 그 이유는 무엇인가?
▶ 이 글을 읽고 웃음이 나오지 않았다면 그 이유는 무엇인
가?

이러한 질문으로 면접자의 유머 능력을 파악할 수 있다.

어느 면접 책에서 읽은 것이다.

면접관 : 자네 토플 실력이 790점인데(옛날) 토플 증명서에서는 그렇지 않
　　　　은데

면접자: 아 네 두 번 본 것 합친 것인데요

면접관 : 성적이 별로 좋지 않구먼

면접자 : 일등하고 1점 차이 인데요? 4.23과 3.23

　　면접관은 주어진 예 2, 3, 4 유형의 유머의 차이점과 공통점을 기술해 보라고 문제를 제시하여 면접자의 유머 능력을 체크할 수 있다. 이러한 질문에 대해 면접자가 다음과 같이 대답한다면 그는 '이경규' 나 '이경실' 이다. 따라서 회사 업무 처리를 유쾌하고 기발하게 처리할 수 있다.

① 웃기다는 점
② 주인공이 다르다는 점
③ 글의 길이가 다르다는 점

그러나 다음과 같이 말하는 면접자는 어떠할까?

① 지우개의 찌꺼기와 사오정의 때의 유사성을 비교한 것

② 전원일기와 저녁 연기, 스트로우와 스트롱의 유사 발음을
활용하여 위선적 삶을 비판했다.
③ 남들은 수치스러워할 것을 긍정적으로 보는 데서 웃음을
유발한다.

이렇게 답하는 사람은 의사 소통 능력이 뛰어난 사람이다. 제2의 '이경규'나 '이경실'은 아니지만 유머를 이해할 수 있다. 다만 기질적으로 엄숙한 사람이다. 이런 사람은 '감사' 팀에 배치하면 '한 역할' 한다.

이처럼 유머는 의사 소통 능력을 나타내는 것이므로 면접에서 유머 사용자를 높이 평가하는 것이다. 그러나 기질적으로 웃음이 없다면 이 부분에서는 문제가 되므로 이들을 평가하는 방법을 세 유형의 유머를 제시하면서 설명하였다.

유머를 사용하여 그곳에서 한바탕 웃고 난 후 주제를 말하므로 주제를 더 부각시킬 수 있다. 이러한 기능으로 유머가 사용될 때 긍정적인 것이며 그 사람은 의사 소통 능력이 있는 것이다.

"정치인과 정자의 공통점을 아세요?"
"인간이 될 확률이 만분의 일이랍니다"

한바탕 면접관들을 웃게 하였다면 그것은 성공이다. 면접관들은 이것이 그들을 단지 지루함에서 벗어나게 했기 때문이 아니라 유머가 있는 사람은 바로 의사 소통 능력이 뛰어나므로 높게 평가한 것이다.

그러나 이러한 것은 외워서도 가능하다. 앞에서 언급하였듯이 유머는 굉장히 주관적이다. 사람에 따라서 '개콘'은 아주 좋은 프로그램이라고 하지만 그것을 아주 싫어하는 사람도 있다.

다음 유머 사용 방법을 위에 든 예와 비교해 보자.

남자 셋이 지옥에 갔다. 세 명의 이름은 A, B, C라고 하자.

A는 술을 좋아하고, B는 여자를 좋아하고, C는 담배를 좋아한 이유로 지옥에 간 것이다.

10년 동안 살펴본 후 변화가 있으면 천국으로 옮겨준다고 말하면서 A에게는 10년을 먹을 술을, B에게는 많은 여자를, C에게는 10년을 피울 담배를 주고 갔다.

10년 후 그 장소에 가보았다. A의 방에는 술이 없어지고 그 사람은 해롱거리고 있었다. B의 방에서는 애기들로 가득했다.

C의 방에는 담배가 그대로 있었다. 담배를 피우지 않은 것이다. 다만 한 갑이 뜯겨져 있고 한 개피만 입에 물고 있었다.

"와 너는 변했구나 이제 천국가자" 하니 "불 좀 주쇼" 하고 말했다.

면접관이 웃는다. 여기에서 끝나면 앞의 유머 사용자와 차이가 없다. 웃길 뿐이다. 그런데 우리 면접자 다음과 같은 말을 덧붙인다.

면접자가 "이처럼 사람은 변하기 힘듭니다. 그러므로 우리가 소비자를 바꾸려 하기보다는 그들의 필요 즉 소비를 하고자 하는 필요성을 새로운 관점에서 바꾸어야 합니다. 따라서 소비자의 니즈 (필요)를 더 파악해야 합니다"라고 언급한다면 그의 의사 소통 능력은 100점 만점에 100점이다. 이럴 경우 유머의 사용 효과 역시 100점 만점에 100점이다.

"저는 시골에서 태어났습니다. 어렸을 적에 집이 몹시 가난해서 축사를 개조해서 살기도 하였습니다. 저는 이것이 이 회사에 입사하기 위한 하늘의 섭리였다고 생각합니다. 왜냐하면 개조된 축사에서 살면서 누구보다 동물의 체온을 느낄 수 있었기 때문에 요즘 친환경적인 것으로 향하는 이 회사의 지향 방향에 많은 도움을 주리라고 여겨집니다."

"영어를 저는 잘 못하지만 영어로 회의를 무진장 길게는 진행할 수 있습니다. 요즘 어떻게 지내세요? 라고 영어로 묻고는 그저 잘 들어주면 됩니다. 적당히 박자를 넣어주면 '으흠?', '으흠' 이라고 하면 그 친구가 계속 말을 하거든요. 이런 식으로 두세 번 물음을 던지면 됩니다. 어떻습니까?

앞에서부터 누누이 강조한 대로 면접관은 면접자가 회사에 들어와서 일을 잘 할 것인가에만 초점을 맞추어야 한다. 그러므로 면접자의 유머 사용 여부도 회사의 기여도에 중점을 두어야 한다. 유머도 이러한 면에서 중점을 두어야 한다. 부정적으로 작용할 수도 있다.

애견호텔에 취직하려고 하는데

"개에 대해 어떻게 생각하나?"
"네 아주 맛있다고 생각해요. 종류마다 좀 맛이 다른데" 하면서 입맛까지 다신다.

〈예문 9〉의 유머 사용은 더 이상 유머가 아니다. 웃을 수는 있지만

바람직한 유머 사용이라 보기 어렵다. 이런 의미에서 면접에서의 잘
못된 유머 사용은 낮게 평가받을 수도 있다.

7장

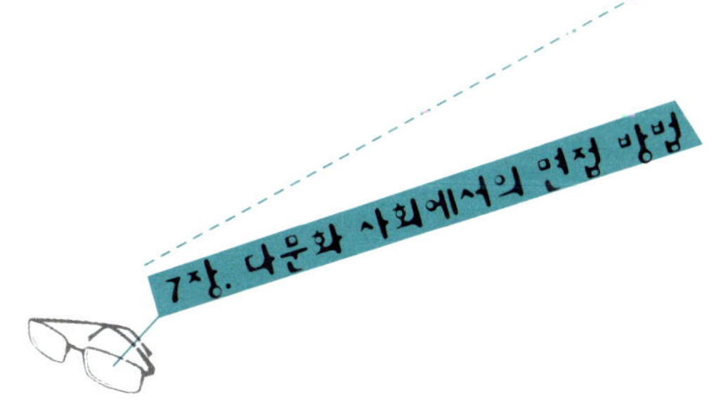

　　　　　이 장에서는 주로 외국인을 면접하는 방법에
집중할 것이다. 외국인이란 누구일까? 나와 다른 언어를 사용하는
사람일 수도 있다. 또 국내 외국인 학교에 다니는 옆집 아이들을 보
니 국적이 다른 사람을 뜻할 수도 있을 것 같다. 특정 지역에 대한
'외국같다' 라는 표현에서는 건물의 모양과 같은 문화의 차이를 의
미하는 것도 같다. 이런 의미라면 조기 유학생들이나 역 이민자들도
외국인의 범주에 넣을 것 같다. 이들의 면접 방법은 좀 더 유의해야
한다는 점에서 별도의 장으로 나누었다.
　나와 다른 문화를 지니고 있는 외국인 혹은 외국인 같은 내국인
혹은 면접관과 다른 문화를 누리고 있는 사람들과의 면접 방법에 대
해 살펴보려는 것이 이 장의 목적이다.

다문화 사회

앞에서 우리는 면접이란 의사 소통 능력을 기반으로 하여 인터뷰 기술이 필요한 것이라고 설명한 바 있다. 이러한 점을 적용하면 우선 다문화 사회와 의사 소통 능력에 대한 논의를 기초로 하여 면접 방법에 대해 논의할 필요가 있다.

이를 위해 먼저 다문화 사회를 정의하고 이러한 사회에서 필요한 의사 소통 능력이 무엇인가에 대해 살펴보기로 한다.

다문화 사회란?

현재 사회의 특징의 하나는 '다문화' 로 꼽을 수 있다. 이 단어는 우리 민족은 백의 민족이며, 단일민족이라는 것에 익숙한 세대에게는 그리 익숙하지 않은 것이다.

다문화 가정, 다문화 교육, 다문화 언어정책 등으로 '다문화' 라는 말은 다양하게 사용되고 있다.

한국 사회는 국내 거주 외국인 110만 시대에 이르고 있다. 2050년에 이르면 한국인 10명중 1명이 이주민 한국인이 된다는 예측도 있다. 여기에는 이주노동자, 결혼 이민자, 난민, 국적 취득한 외국인, 외국인 자녀 2~3세 등이 포함된다.

　다문화라고 할 때 바로 이들이 갖는 독특한 '그들의 문화' 를 뜻한다. '그들의 문화' 란 '나와 혹은 우리와 다른 것' 으로 여러 문화가 섞여 있는 혹은 공존하는 것을 의미한다. 다문화란 그들만의 문화와 우리의 문화의 공존만이 아니다. 이미 우리들 사이에도 다문화는 존재한다.

　'영화 아바타를 본 사람' 과 '그렇지 않은 사람', '영화 아바타를 3디로 본 사람' 과 '그렇지 않은 사람' 그리고 '스마트 폰을 사용하는 사람' 과 '그렇지 않은 사람' '스마트 폰을 전화로만 사용하는 사람' 과 '그렇지 않은 사람' 등으로 서로 다른 문화를 누리고 있다.

　이를 어느 가족에 적용하여 보자. 경상도 남자와 서울 여자가 결혼한 집은 '다문화' 가족이다. '스마트 폰을 여러 목적으로 사용하는 아이들' 과 핸드폰을 사용하는 부부간에도 다문화가 존재한다. 미국 시민권을 가진 형제가 있다면 그렇지 않은 형제 사이에도 다문화는 존재한다. '엘리베이터' 라는 단어를 못 알아듣다가 한참 후 빠다바른 소리로 아 '엘리베이러' 라고 발음하는 조카와의 사이에도 다문화가 존재한다.

　다문화 사회를 "여러 유형(인종, 민족성, 문화, 국적)의 이질적인 문화가 하나의 제도권 안에서 형성되는 사회" 로 정의하는 것은 바로 이러한 점을 반영한 것이다.

　다문화 정의에서 언급한 인종이란 유전적인 다양성을 말한다. 즉 머리색, 피부색, 뼈구조같은 외적인 것을 뜻한다. 민족성이란 한사람의 가족적인 유산을 의미한다. 예를 들면 미국에서 대부분은 맥시컨 문화, 미국문화, 유럽적인 것들이 가미되어 그들의 독특한 민족적 특성을 나타낸다.

한국인은 일본인이나 중국인과는 '인종'이라는 측면에서는 동일하다. 즉 같은 아시안으로 분류할 수 있다. 그러나 이들 간에는 서로 다른 민족성이 존재한다.

중국인과 한국인들은 일본 지배를 받았다는 점에서 동일한 민족성의 특징이 나타나기도 한다. 중국과 한국의 국어책에는 독립사상이나 민족정신을 나타내는 시나 소설들이 나타나는 것이 그것이다.

문화라는 것은 배운 행동들이다. 이것은 사회적으로 그리고 인종적으로 서로 나누어져 있다. 중국인의 남자들의 문화는 한국인과는 다르다. 남자들이 장을 봐 오고 부엌에 들어가 밥을 하는 것이 보편적이지만 한국인들은 그렇지 않다. 이러한 문화의 차이는 그들이 서로 다른 방법으로 가정에서의 생활을 배웠기 때문이다. 일본인과 한국인의 언어 문화는 조사가 있고, 존대말이 있다는 점에서 동일하다. 반면 중국어에는 조사나 높임말이 거의 없다는 점에서 이들의 언어 문화는 서로 다르다.

이민자들과 관련지을 수 있다. 유학생들과 이민자들은 국적은 달라도 동일한 문화를 가질 수 있다.

다문화에 대한 이러한 정의를 좀 쉽게 설명하면 우리나라가 현재 다문화 사회라는 것은 우리 주변에 많은 외국인들과 함께 살고 있다는 것이다. 그러나 이들 외국인이 이방인이나 관광객이 아니라 이제는 우리의 옆집 아줌마로 그리고 직장 동료로 함께 우리와 살아간다는 것을 뜻한다.

이러한 다문화 사회에서는 문화적 다양성 즉 문화가 서로 다른 것이 존재한다. 그러나 '다문화 사회'라는 용어와 '문화의 다양성'이란 동의어는 아니다.

문화의 다양성이란 것은 사람들이 서로 다르다는 것을 뜻하고 여기에는 성(gender)차이에서 나타나는 여러 요소들도 포함되므로 다문화보다는 넓은 범주의 것이다.

성 차이에서 나타나는 언어 사용의 차이를 나타내면 여자는 '과정 중심'인 반면 남자는 '결과 중심'의 언어를 사용한다는 것이다. 예를 들면 여자는 드라마의 내용을 조곤조곤 주인공이 입은 옷 디자인까지 말하지만 남자들은 그 결과만을 묻는 것과 같은 차이점이다.

다문화 사회에서의 면접방법 개발 필요성

이와 같은 다문화 사회에서는 다양한 문화적 배경을 가진 개인들과 의사소통을 하는 데에 있어서 필요한 지식 기술 등이 요구된다. 이것은 우리의 일상적인 의사 소통 능력보다 더 많은 것을 요구한다. 이를 위해서는 다문화 사회에 대한 이해들이 필요하다.

다문화가 공존한다는 것은 이러한 상황을 면접에서 충분히 고려해야 한다는 것을 의미한다. 다시 말해 앞에서 언급한 인터뷰 기술이나 전략 혹은 면접의 구조화 방법 등에 있어서 각 개인들이 속하고 있는 문화의 다양성이나 그 가치들을 활용하고 배려해야 한다는 것을 뜻한다.

이 책에서 이처럼 하나의 서로 다른 장으로 이들을 대상으로 한 면접 방법에 대해 논의하는 것이 바로 이와 같은 이유에서이다.

나와 다른 다양한 문화를 가진 사람들과 대화를 하는 것은 쉽지 않다. 하물며 면접에서 그 어려움은 더하다. 이제 다문화 사회에서의 의사 소통 방법의 차이에 대해 살펴볼 필요가 있다.

다문화 사회에서의 서로 다른 의사 소통 방법

다문화 사회에서 의사소통이 어려운 것은 언어라는 것은 바로 문화를 반영하고 있기 때문이다. 다시 말해 서로 다른 문화는 서로 다른 의사 소통 방법을 의미한다. 따라서 나와 다른 문화를 향유하는 사람은 나와 다른 방법으로 의사 소통을 한다고 볼 수 있다.

예를 들면 개인주의가 강한 서구인들과 집단의식이 강한 동양인들 간의 의사 소통 방식의 차이를 들 수 있다. 앞으로 이를 문화 인류학자들의 용어인 'Low context 혹은 개인 중심' 과 'high context 혹은 집단 중심' 으로 표시하여 구별하기로 한다. 이것은 민족이나 인종에 따라 일정한 경향을 나타내는 것이다. 그러나 이는 각 개인에 따라 나타나는 것으로도 볼 수 있다.

개인 중심 문화의 의사 소통 방법

개인적인 경향을 나타내는 서구인들이 누리는 문화의 특성은 다음과 같이 요약할 수 있다. 개인의 자유를 존중하고 혹은 그것을 요구하고, 대화 상대방과 평등하다고 생각하며, 적극적이고, 독립적이며, 경쟁적인 경향을 나타낸다. 하고 싶은 말을 꾹꾹 참지 않는다. 대화 시간을 의식하며, 결과 지향적이다. 물질적 세계를 중시하므로 현실적이다. 형식을 중요하게 여긴다.

이러한 개인 중심 문화는 여러 면에서 집단 중심 문화와 구별된다. 이것은 호칭에서도 나타난다. 개인 중심 문화에서는 호칭은 모두 성(Last name)에 기초한다. 친구 어머니도 '미세스 클린턴'이고, 교수님도 '미세스 클린턴'이고 국무장관도 '미세스 클린턴'으로 부를 수 있다.

반면 집단 중심에서는 직위 중심이다. 그러므로 다양하게 불리운다. 필자의 경우, 주영이 엄마, 주 교수님, 주 과장님, 에미야, 사모님, 아줌마 등등으로 불린다.

나와 다른 문화에 속하는 사람이 나를 '미세스 진'(내 남편의 성이 진씨이므로)이라고 부를 수 있다는 것을 인정해야 한다. 면접에서도 마찬가지이다. 그가 나를 '미세스 진'이라고 한다고 해서 아니 감히 '부장님을'이라고 하면서 버럭하지 말아야 한다는 것이다.

이들 문화에 속한 사람들은 하루에도 몇 번씩 마주칠 때마다 인사한다. 반면 집단 중심 사람들은 하루에 한번의 인사를 단위로 생각한다.

이러한 문화의 차이에 따른 인사 방법의 차이는 대학의 전공 교수 간의 인사에서도 나타난다. 필자가 속한 국문과 교수들은 아침에 만나면 그저 목례 정도로 인사를 나눈다. 그래서 처음 만나도 그지 시

끄럽지 않다. 그렇다고 친하지 않은 것도 아니다.

선배 교수를 만나면 '안녕하셨어요?' 이렇게 말한다. 그날 복도에서 우연히 만나면 목례를 하는 정도이다.

그런데 아래층에 있는 영문과 교수들은 인사기 좀 요란스럽다. '안녕하세요' '하이' '오랜만이에요' 등등으로 한다. 다음에 점심 시간에 또 만나면 또 그러하다. 그렇다고 유독 그들이 우리보다 친한 것은 아닌 것같다.

가끔 인사성이 없다는 소리를 듣는 교수들은 대개 집단 중심 문화 소유자들이다. 그들을 비판하는 사람들은 대개는 개인 중심문화 성향이다. 이처럼 개인의 인사성 유무보다는 인사 방법의 차이에서 나타나는 것일 수도 있다.

회사에서 '아이쿠 저 친구는 만날 때마다 아주 반갑게 인사해' 이러면서 내심 '나를 좋아하나봐. 혹은 존경하나 봐' 하고 착각하기 전 상대방의 의사 소통 방식이나 문화 유형을 먼저 예측해볼 필요가 있다. 그 다음에 존경 여부를 결정하자.

이러한 문화적 특성은 의사 소통 방법에도 그대로 적용된다. 개인 중심 문화권에서는 대화 상대방에게 어떤 의견을 완전히 이해 시키는 것은 말하는 사람의 몫이라고 생각한다. 그러므로 이들은 의사소통 하는 데에 있어서 많은 정보를 주고 받고, 많은 말을 한다.

이점에서 대체로 요약 정리 한 내용만을 알려주고 나머지는 미루어 짐작하라는 식의 집단 중심의 의사소통 방법과 많이 다르다.

다시말해 '저 친구는 좀 알아서 하는 바가 없고 왜 그리 꼬치꼬치 캐묻는거야' 라고 불만을 하기 쉽다. 반대로 '자세히 가르쳐 주지도 않고 나보고 어떻게 하라는 거야' 라고 불평할 수 있다.

대화를 하는데 있어서도 개인 중심에서는 인사 후 바로 용건으로 들어가는 반면 집단 중심은 한참의 수다 후 마지막에 용건이 나온다.

개인 중심 문화에서는 감정 표현이 자유롭고, 토론에 잘 참여하며, 자유롭게 자신의 의견을 표현한다. 개인 신상에 관한 얘기를 하거나 묻는 것은 금기시 한다. 그러나 집단 중심에서는 토론에 잘 참여하지 않으며, 자신의 의견을 표현하는데 조심한다. 반면 친분이 조금 생기면 개인 신상에 관해 질문한다.

대화하면서 몸짓이나 눈맞춤 등 우리가 앞에서 사용한 비언어적 의사 소통 방법이 아주 자연스럽다. 요즘 서구문화 즉 개인 중심에 일찌기 노출된 영어 학원에 다니는 유치원 아이들이 "밥 먹을래?" 하면 어깨를 쓰윽 올리면서 이상한 표정을 짓는 것이 이러한 문화의 영향이라고 생각한다.

이에 비해 집단 중심의 문화권에서는 대화를 할 때 몸의 움직임이 거의 없으며, 몸짓이나 아이 컨텍(eye contact) 등을 자주 사용 않는다. 오히려 눈을 빤히 응시하는 것은 특히 상하의 예의에 어긋날 수도 있다고 여기는 점에서 차이를 나타낸다.

이들 문화권에 속하는 사람들의 경우 자신의 의사를 민망할 정도로 직접적이고, 명확히 표현한다. 질문에 대한 Yes, No를 분명히 하는 편이다. 간접적 표현이나, 에둘러 표현하는 경우는 별로 없다. 그리고 모르는 것이 있으면 "네가 의미하는 것이 뭐니?"라고 직접적으로 묻는다. 이러한 것은 예, 아니오를 우회적으로 표현하는 집단 중심 문화권과 구별된다.

이들 문화권에서는 잘 모르는 부분은 반드시 되물어 확인한다. 대화 시에 "무슨 말을 하신거에요?" "제 말을 이해하셨어요?" 등과 같은 표현을 잘한다. 이러한 것은 대화 전개에 일정한 방식으로 끼어드는 것을 크게 개의치 않기 때문이다.

이에 비해 집단 중심에서는 미심쩍은 부분이 있어도 상대방에게 실례가 될까 봐 묻지 않고 마는 경우가 많다. 한국 유학생들이 미국에 가서 질문하는 횟수가 적다든가 잘 몰라도 꾹 참고 있다가 혼자 연구해서 해결하는 방법을 많이 취하는 것은 이러한 문화의 차이에 따른 의사 소통 방법의 차이에 기인한다.

개인 중심에서는 감사 표현을 자주 사용한다. 아주 작은 것에서 감사를 표현하고 아주 작은 것에도 감탄사를 사용하며 대화 중에 상대방에 대한 칭찬이나 찬사(complement)를 많이 사용한다. 우리가 서구권 외국인들에게서 가장 혼란스럽게 느끼는 것이 바로 이 부분이다. 분명 면전에서는 많이 칭찬했는데 결과를 표시할 때는 아주 신랄한 경우를 많이 경험했을 것이다. 초등학교에서 아이들이 조금 무엇을 잘해도 아주 호들갑스럽게 칭찬하는 통에 칭찬을 별로 받지 못한 한국의 학생들이 미국 학교에 가면 어깨가 들썩해서 좀처럼 그곳에서 오지 않으려고 하는 이유가 여기 있다. 서구인들의 감탄사 사용을 진심이라고 알면 곤란하다. 이들의 감탄사 사용은 아주 빈번한 언어 습관일 뿐이다.

현대 우리나라에서도 미국에서 유학을 한 젊은 세대들의 의사 소통 방식과 50대이상의 의사 소통의 방식의 차이가 많다. 젊은 그네들은 참지 못한다. 하고 싶은 말을 꼭 한다. 그리하여 감으로 대충 눈치로 알아먹지를 못한다. 그것을 요구하는 어른들에게 언제 말로 했냐고 오히려 반문을 한다. 어른들 세대들이 차마 하지 못한 말들을 그들은 정확하고, 명료하게 표현하여 어른들을 멍하게 만들 때도 있다. 이것은 예의의 문제일 수도 있지만, 서로 자란 환경의 차이 즉 문화의 차이에서 나타나는 의사 소통 방법의 차이이다.

집단중심의 의사소통 방법

아시아인들이나 아프리카 인들은 집단적 경향을 많이 나타낸다고 문화인류학자들은 말한다. 이들은 전통 지향적이며, 형식을 중요시하고, 팀 중심적이며, 남을 존경할 줄 알고, 수직적 관계를 중요하게 생각한다. 그들 간의 강한 유대력을 지니고 있고, 체면이나 감정을 중요시하게 여기고, 관계성을 강조한다. 그리고 물질적 세계보다는 정신적 세계를 중시한다.

이러한 문화를 가진 사람들은 남의 말을 잘 듣는 것을 중요시한다. 우회적 표현을 잘 사용한다. 어떤 상황을 이해하는 것은 듣는 사람의 몫에 있다고 생각한다. 따라서 의사소통을 하는 데에 있어서 많은 부분을 말로 내뱉지 않고 안으로 생각하는 부분이 많다. 따라서 실제 의사소통 하는 양은 그리 낳시 않다. 간접직인 표현을 많이 사용한다.

이들은 의사 소통에 있어 좀 모호하고, 덜 명시적이고, 함축적이며, 조화를 중시한다. 대화를 할 때 대화 내용 전개에 관하여 별로 간섭하지 않는다. 그저 묵묵히 듣는 편이다. 대화에 끼어들지 않는 것이 예절이라고 생각하기 때문이다.

대화를 통해 정보를 얻으려고 하기보다는 몸으로 부딪혀 정보를 확보하려고 한다. 상대방에 대한 잦은 칭찬이나 찬사(complement)는 오히려 부정적으로 받아 들여질 가능성이 많다. 그래서 이러한 표현을 많이 사용하지 않는다. 상대방의 느낌을 배려하며, 자신의 의사 표현이 적고, 대신 상대방이 알아서 이해해 주기를 원한다. 대화를 할 때에 감탄사를 별로 사용하지 않는다.

이러한 집단 중심문화에 익숙한 사람들은 상세한 정보를 확보하기 위해 많은 질문을 하는 개인 중심 사람들을 까다롭다고 여길 수 있다.

집단 중심의 의사 소통에서는 조금만 친해지면 나이와 결혼여부 등 개인의 신상에 대해 호기심을 보이기 쉽다. 이러한 경향의 사람에 대해 개인 중심 사람들은 이들을 남의 사생활에 지나치게 호기심이 많은 이상한 사람으로 여기기가 쉽다.

대개 집에서 맏이로 자라거나 조부모와 자란 사람들은 이러한 집단 중심의 의사 소통 방법을 많이 사용한다. 말로 하기보다는 속으로 삭이는 편이며, 자신의 의사를 별로 나타내지 않는 경향을 나타내는 것이다.

이처럼 문화에 따라 서로 다른 방식으로 의사소통을 한다는 것은 현재 급변하는 세계에서 각 개인의 문화 노출 경향과 관련된다. 맏이로 자란 사람과 막내로 자란 사람과의 의사 소통 방법의 차이, 유학생과 그렇지 않은 사람, 나이 별 등등으로 우리는 서로 다른 방법으로 의사 소통을 한다.

열린 마음으로 이들을 이해하고 수용하자

앞에서 면접관의 훈련에서 우리는 면접관은 면접자에 대해서 열린 마음을 지녀야 한다는 점에 대해 언급한 바 있다. 이러한 다문화 사회에서 가장 필요한 것은 상대방에 대한 문화의 이해일 것이다. 그러나 이에 앞서 더욱 필요한 것은 나와 다른 여러 사람들을 이해하기 위한 열린 마음을 지녀야 한다는 사실이다.

자기의 의견을 분명하게 나타내지 않는 집단 중심 의사 소통의 경향을 나타내는 사람이 개인 중심 사람들에게는 답답하게 느껴질 수 있다. 반면 개인 중심의 의사 소통 방법 소유자들은 집단 중심 문화 의사 소통자들에게는 매우 도발적이고 이기주의자들로 비쳐질수 있다. 서로 다름을 수용하는 것이 의사 소통을 원활하게 하는 지름길이다.

아래 제시하는 외국인이 뽑은 한국인의 '빨리 빨리' BEST 10을 읽어보면 우리에게는 당연한 것들이 혹은 별로 이상하게 여기지 않는 것들을 외국인들이 특이하게 여긴다는 것을 알 수 있다. 한번 읽어보자.

10위 편의점에서 음료수를 마신 후에 계산한다.

9위 3초 이상 열리지 않는 웹사이트는 닫아버린다.

8위 볼일 보는 동시에 양치질을 한다.

7위 영화관에서 스크롤이 올라가기 전에 나간다.

6위 3분 컵라면이 익기 전에 뚜껑 열어 먹는다.

5위 엘리베이커 문이 닫힐 때까지 '닫힘' 버튼을 누른다.

4위 삼겹살이 익기 전에 먹는다.

3위 화장실에 들어가기 전에 지퍼를 내린다.

2위 버스정류장에서 버스와 추격전을 벌인다.

1위 자판기 커피 컵이 나오는 곳에 손을 넣고 기다린다.

우리에게는 별로 이상하지 않은 것들이 외국인들에게는 아주 이상하다. 우리의 '빨리빨리' 문화가 외국인들에게는 경이로운 정도까지 이상하다. 그러므로 우리가 이해하지 못하는 외국인들의 문화를 우리는 받아들여야 한다. 우리는 캄보디아, 인도 등을 여행하면 그들의 낙천적 태도에 경이감을 느낄 때가 있다. 저렇게 천천히 하다니, 저렇게 여유를 부리다니. 좀처럼 이해하기 힘든 그들의 태도처럼 그들도 우리의 '빨리빨리' 문화를 이해하기 어렵다.

이와같은 것은 샌드위치나 햄버거의 점심문화를 가진 외국인들이 우리의 직장인들의 점심문화를 보는 눈에서도 나타난다. 12시 전후 10분 동안 도심 빌딩에서 우르르 쏟아져 나오는 회사원들의 일사불란한 행렬은 이상하다 못해 '어메이징' 한 풍경으로 다가온다고 표현하는 외국인들이 있다. 샌드위치 등으로 간단히 점심을 해결하는 프랑스 등지에서는 떼를 지어 몰려나가는 진풍경은 찾아볼 수 없기 때문이다. 이를 역으로 하면 점심시간에 널름 샌드위치 하나 먹고 일을 하는 그들을 우리는 이상하다고 여기는 것이다. 먹자고 하는데 우찌 저리 간단하게. 그러므로 문화란 비판될 수 있는 대상이 아니다.

예를 하나 더 들어보자. 일본인은 지하철 안에서 물건을 파는 사람들에 대해 아주 이상하게 여긴다고 한다. 큰 목소리와 화려한 액션으로 마치 연기를 하듯 물건을 파는 것도 놀라웠지만 그보다도 승객들이 그것에 대해 전혀 불쾌함을 느끼지 않는다는 것도 신기해 한다. 이러한 것은 일본에서는 상상도 못하는 일이라고 한다.

문화의 다름을 인정하고 이러한 다문화와 관련된 다양한 의사 소통 방법을 수용하는 것이 다문화 사회 혹은 시대에서 면접관이 가져야 할 것이다.

다문화 사회에서 면접할 때의 유의점

앞에서 논의한 내용을 참고로 이러한 다문화 사회에서 면접관이 외국인 혹은 그에 준하는 내국인을 면접할 때 가장 필요한 것은 문화적 공감력이라고 할 수 있다. 즉 나와 다른 문화권에 속하는 사람들을 동화시키려고 노력하는 것이 아니라 서로 이해하고 수용하는 것이다.

앞에서 면접관에게 가장 필요한 면접 기술 중의 하나로 공감 능력을 제시하였다. 그런데 이처럼 서로 다른 문화를 가진 사람을 면접하기 위해서는 공감 능력 이상이 요구된다. 그것은 문화적으로 감정 이입할 수 있어야 한다는 것이다.

문화적 공감력을 지니자.

면접관은 자기 자신의 문화적인 정체성을 유지하면서 동시에 면접자의 문화적인 가치나 믿음을 수용하거나 인식할 수 있어야 한다.

나는 스마트 폰을 사용하지 않지만 타인이 그것을 통해 향유하는 것을 수용하고 이해할 수 있어야 한다.

외국인의 경우 익숙하지 않은 언어로 의사소통을 한다는 것은 어떤 장애가 될 수 있다. 앞에서 살펴본 것처럼 모든 언어는 그 언어가 속해 있는 문화와 깊은 관계가 있다. 따라서 한국어에 익숙하다고 해도 한국의 문화를 그만큼 이해할 수 없을 수도 있다.

문화란 눈에 보이는 요소도 의미하지만, 그 문화의 근간을 이루는 눈에 보이지 않는 가치관, 즉 그 문화권에 소속되어 있는 사람들이 오랜 세월에 걸쳐 형성해온 공통의 가치 체계가 그 속에 녹아있기 때문이다. 따라서 나와 다른 문화를 수용하고, 이해하고 공감해야 한다.

삼겹살같은 문화의 특성을 이해하자.

문화의 특성을 삼겹살 이론으로 설명하기도 한다. 즉 삼겹살의 표층처럼 처음에는 건물 같은 것에서 느끼는 문화가 있다. 우리가 뉴욕에 가면 서울과 다르다는 것을 금방 느끼는 것은 삼겹살의 표층으로 비유할 수 있는 문화의 차이이다

그 다음은 층위는 비계층으로 가치 체계에서 나타나는 것이다. 앞에서 예를 든 지하철 문화 혹은 직장인들의 점심시간 문화 등이 그것이다.

마지막 속살 층은 무의식의 층위로 가정으로 대표된다. 그런데 가정에는 모든 게 나타나 있다. 아파트 평수, 자동차 유형, 학벌, 가치

관 등에서 나타나는 그것이다.

따라서 한 문화를 이해하기 위해서는 이 삼겹살을 모두 이해해야 한다. 특히 그 문화권의 사람들이 공통적으로 가지고 있는 가치관에 대한 이해를 하는 것이 선결 과제라 하겠다. 언어와 문화적인 상징은 너무 달라서 서로 다른 다양한 문화적인 배경을 가진 사람과 의사소통을 할 때는 노력해야 한다. 높임법이 발달되지 않은 모어 사용자들이 한국어의 높임법에 힘들어 하는 것이 대표적인 예이다.

경청을 하자.

면접관은 인내심을 가지고 그들의 하는 말을 열심히 들어주어야 한다. '불' '풀'에서의 'ㅂ', 'ㅍ'의 발음 장애로 '물'과 '풀'을 구별하지 못하는 그들의 언어를 듣는다는 것은 생각 이상으로 어렵다. 그러나 열심히 경청을 해야 한다.

경청의 능력이 있다면 문화 장벽을 뛰어넘어 의사소통을 할 수 있다. 적극적으로 들으면서 서로 오해가 날만한 부분들을 극복하기 위해서 노력해야 한다.

정상(commonsense)의 기준을
탄력성 있게 바꾸어 보자.

자신의 문화권에서 정상적인 것이 타 문화권에서도 반드시 정상적인 것이 아니라는 것을 인식해야 한다. 그러므로 면접자가 '제가 담배를 피워도 될까요?' 등과 같은 질문을 하면 놀라거나 야단치거나, 한국의 문화의 특성을 강요하기보다는 이러한 것을 수용할 필요가 있다.

서로 내 문화의 것을 기준으로 삼으면 거리가 생기기 쉽다. 따라서 면접관과 면접자들의 사회적 거리감이 너무 멀지 않도록 유의해야 한다. 다시 말해 외국인을 면접한다고 하면 이미 면접관과 면접자는 이미 서로 거리를 두고 긴장하게 된다. 이 거리감이 가까울수록 편안해진다.

이를 위해 다문화 사회에서는 한 문화의 자연스러운 우수성이 있다고 믿는 것에서 벗어나야 한다. 유대인이라고 하면 머리가 좋을 것이라는 생각, 일본인이라고 하면 우리에게 피해를 줄 것이라는 것 등이 그것이다. 흑인보다 백인을 열등하게 여기는 것과 같은 편견, 동남아인들에 대한 편견 등에서 벗어나야 한다. 어떠한 형태로든지 간에 이러한 민족성이라는 것은 다른 문화의 그룹에서부터 독립시켜 면접의 실제와 가치를 볼 수 있어야 한다.

면접자들이 향유하는 문화에 대해 그들것이 열등하다고 여긴다거나, 그들을 가치가 없다고 여긴다면 면접관과 면접자의 거리는 좁혀지지 않는다.

이슬람 문화권에 속한 사람에게 돼지고기 회식을 강요한다면 그들과 다문화 사회를 형성하기 어렵다. 앞에서 예를 든 중국 남자들의 경우 음식 조리는 일상적인 것이다. 한 문화권에서도 개인적 환경의 영향에 따라 다양한 가치관을 가지고 다양한 행동양식을 가질 수 있으므로 무조건적으로 일반화하는 것은 피한다.

언어에는 믿음과 가치가 반영되어 있다. 에스키모 사람들이 사용하는 언어에는 눈에 대한 단어가 많이 발달되어 있다는 사실은 언어와 문화의 관계가 밀접함을 의미한다. 한국어에는 친족을 나타내는 단어가 발달되어 있다는 사실 또한 그러하다. 영어의 'aunt'에 해당하는 단어가 한국어에는 '이모', '외숙모', '큰 엄마', '작은 엄마', '고모' 등으로 발달되어 있다는 것은 영어를 사용하는 나라들보다 한국이 보다 친족 중심 즉 앞에서 말한 high context 사회라는 것을 듯한다.

그러므로 면접에서 면접관과 면접자 사이의 언어 사용에는 그들 간의 서로 다른 문화의 실제를 인식할 수밖에 없는데 이러한 것이 편견을 생산하므로 이점에서 벗어나도록 노력해야 한다.

다른 문화를 수용하기 어려운 경우 상대방의 행동이 그 문화권의 일반적인 양식인지 확인한다. "담배를 어느 곳에서나 피우도록 하는가요?", "모국에서 남자들이 부엌에서 음식하는 일이 빈번한가요?" "모국에서 업무 처리를 하는 방법에 있어 한국과 다른 점은 무엇이가요? 그 차이를 수용할 수 있나요?"

한국의 문화 혹은 직장 문화에 대해서 어느 정도 이해하고 있는지 그것을 객관화 시켰는지 물어 볼 수 있다.

예를 들면 지하철에서 물건 파는 사람 보고 어떻게 생각해요? 한국에서 점심시간에는 동료들끼리 나가서 점심을 먹는데 어떻게 생각하나요?

한국의 기업 문화나 한국인의 문화에 대한 설명을 요청해 본다.

한국 사람들은 대체로 실내에서 신발을 벗는데요, 혹은 한국에서는 과장님 보다 먼저 퇴근하지 않는데 이에 대해 어떻게 생각하세요.

서로의 문화가 다른 것에 대한 의견을 묻는다.

우리는 직장에서 상사가 지시하면 일단은 열심히 듣고 그것을 행하려고 하지 거기에 대고 반박하거나 그렇지 않은데요. 혹은 윗사람에게는 인사를 하는데 어떻게 생각하세요? 몰라도 일단은 가만히 있지 그것을 윗사람에게 고치고치 묻지 않는데 어떻게 생각하세요

각기 다른 생활 방식이나 의사 소통 방식의 차이가 있는데 이러한 차이로 인해서 문제가 생길 경우 어떻게 처리하려고 하는지요

평소보다 더 여유로운 태도를 지니자.

면접자들이 원하는 방식으로 직접 말을 걸어보자. 한국인들을 대하듯이 말을 하지 말자.

면접관과 면접자가 서로 문화가 다른 상황에서는 각자가 가진 문화적인 경향이 오히려 더 두드러지게 나타나는 경향이 있다. 우리가 외국에 가서 대화할 때 우리 식으로 하는 경향이 더 나타난다는 것이다. 즉 한국식의 대화 방법, 한국식의 인사 방법이 더 두드러진다. 그러므로 서로 문화가 다른 사람이 그것도 제2의 언어 혹은 외국어로 면접에 임할 경우에는 질문에 대한 이해와 답변을 하는데 있어 표현과 이해에 시간들이 더 많이 필요하다는 것을 인식해야 한다. 천천

히 혹은 인정하는 태도로 외국인들을 대해보자. 조용히 마음을 넓혀
보자.

그들을 조급하게 대하지 말아야 한다. 그리고 그들이 한국인과 동
일하게 처리하지 않도록 한다. 로마에 가면 로마법을 준수해야 하듯
이 한국인들과 동일하게 면접해야 되거든,

이런 태도는 그들의 한국화(韓國化)를 전제로 한다. 그것은 수용이
아닌 강요이다. 그들의 다양성을 수용하는 것이 다문화사회에서 살
아가는 지름길이다. 그러므로 면접에서도 이러한 면을 반영하여 면
접을 진행해야 한다.

안녕하세요. 오시느라고 힘드셨지요... 자 우리 면접을 해보지요, 이해
하지 못하면 언제라도 말을 하세요. 한국에서는 면접 때 이런 식으로 하
는데 불편하시면 말해보세요.

적극적으로 듣고 그들이 이해했는지를 체크하면서 익숙하지 않은
문화 배경을 연구해보자. 왜 저렇게 말하지가 아니라 저렇게 말하는
그들의 문화를 이해하자. 그들이 무엇을 말하려고 하는가를 깊이 생
각해보자. 그리고 말을 하자

*한국어를 구사할 줄 안다고 하여도 모어의 말투는 남아
있다. 이는 마치 경상도 방언을 사용하는 사람이 서울말
을 익힌다고 하여도 억양이 남아 있는 것과 마찬가지이
다. '저사람은 왜 저렇게 차가운 톤으로 말하지' 가 아니라
그것은 그들 모어의 억양의 영향을 받은 것이다.

아시아 쪽 사람들은 자기가 하고자 하는 말을 다하지 않는다. 반면 미국이나 영국 쪽 사람들은 하고자 하는 말을 다한다. 이것은 문화의 차이이다.

특별히 우리나라 사람들에게 익숙한 속어나 유행어들은 사용하지 않도록 하고 특별히 우리나라 사람들의 고유에만 통하는 농담은 하지 않도록 한다.

외국인들은 우리의 관용어나 속담 등에 익숙하지 않다. 최신의 유행어는 더욱 그러하다. 다음과 같은 표현은 자제해야 한다.

김치국부터 마시지 마세요. 그러니까 디씨를 원하는 거군요.

그리고 다양한 의사소통 방식을 사용해본다. 그리고 문화적인 차이를 무시할 수 있는것이라고 생각하지 말자. 또한 말을 지나치게 빨리 하지 않는지 속도에 유의해보자. 이러한 기술을 이용하면 면접관들은 편견에서 벗어날 수 있다.

그들의 아킬레스를 건들이지 말자.

면접을 하는데 있어서 하지 말아야 될 것들 예를 들면 선동적인 표현이라든가 그들이 금하는 것을 건들이는 표현은 하지 말아야 한다. 서로 다른 의사 소통 방법을 수용해야 한다. 면접관이 지금까지 누려온 문화 영역을 뛰어넘는다는 것은 무척 어렵다. 또한 그들 문화에 의사소통 방법을 취하는 것도 역시 어렵다. 그러므로 문화적인 스

타일을 능숙하도록 유지하도록 해야 한다. 다른 사람의 문화 스타일
을 이해하는 것도 필요하다.

정치적인 옳고 그름은 물론이고 면접자들이 굉장히 예민하게 받
아들일 문제점이 있다. 이런 것들은 주로 성, 인종, 문화, 민족성, 정
치적인 색채 등이다. 사회가 빨리 빨리 변하기 때문에 면접관들은 이
런 것들을 경계해야 한다.

▶ 그 나라에서는 데모가 났는데 고향은 괜찮아요? 누구를 지지하
  세요?
▶ 일제 시대에 우리 민족에게 한 일을 생각하면 어떤 생각이 드
  세요.
▶ 발해 시대에 우리나라가 그곳을 지배 했었는데… 그것에 대해서
  는 어떻게 생각하세요
▶ 집에 하인이 몇 명 있어요? 우리 나라 사람들이 거기 가면 4~5
  명씩 하인 둔다고 하던데….
▶ 남자들이 부엌 일을 많이 한다면서요?

표정은 세계 공통이다.

비언어적 표현에 대해서도 유의하여 살펴보아야 한다. 서로 다른
문화에 속하는 사람들을 면접하는데 있어서 가장 중요하게 고려해
야할 점은 감정이라는 것은 보편적이라는 것이다. 얼굴에 나타나는
분노, 화, 슬픔, 놀람, 속임, 기쁨 같은 것은 보편적이라고도 한다.

이러한 얼굴 표정은 감정의 경험과 밀접하게 관련되어 있다.

서로 다른 문화에 속한 개인들은 얼굴 표정에서부터 감정을 추론해내는 방법이 굉장히 다양하다. 어떤 문화 그룹은 부정적인 감정을 보일 수도 있다. 그것이 다른 그룹에서는 긍정적인 감정으로 여겨지는데도 불구하고.

그러나 얼굴 표정에서 나타나는 감정의 차이가 별로 다르지 않다. 이것은 감정의 의미들이 다양하긴 하지만 실질적으로 얼굴 표정이라는 것은 유사하다는 것을 뜻한다.

이러한 발견들이 함축하는 것은 면접관은 얼굴 표정으로서 그들의 감정을 결정할 수 있고, 감정이 얼굴로 나타난 것은 다소 모든 문화에 적용 될 수 있다는 것을 뜻한다. 따라서 면접을 하는 데 얼굴 표정에 중점을 두면 다문화 능력을 파악하는데 아주 중요하다고 할 수 있다.

면접자의 의사 소통 유형을 예측하자.

앞에서 언급한 것처럼 서로 다른 문화 속에서 형성된 서로 다른 의사 소통 방법은 면접에도 그대로 반영된다. 예를 들어 개인 중심 문화에 익숙한 면접자는 면접장소에서 평소의 대화습관처럼 중간중간 모르는 내용을 끊임없이 확인하려고 들것이다.

'그게 무슨 뜻인가요?' '그러니까 …한 것이군요', '아 맞습니다.' '제가 그것을 해야 한다는 의미입니까?'

그는 이렇게 반응을 하면서 중간 중간대화 내용을 체크하려고 할 것이다. 반면 집단 중심 문화에 익숙한 면접관은 이러한 반응을 보이는 면접자가 이상하다고 여길 것이다. 지나치게 가벼운 성격 혹은 무지한 사람으로 치부할 수 있다. 혹은 말이 많고 불평이 많은 사람으로 여길 수 있다.

또한 자신의 이러한 중간 점검에 당황해 하거나 그것을 가볍게 처리하는 면접관에 대해서는 면접자는 자기가 무시당한다고 여길 수 있다.

앞에서처럼 칭찬이나 감탄사를 연발하는 개인 중심 문화의 면접관에 대해 과장이 심하다거나 면접자를 아주 높이 평가하는 것이라고 여길 수 있다. 반면 이런 것에 익숙하지 않은 집단 중심 면접관이라면 무뚝뚝하다고 여길 수 있다. 이처럼 문화에 따른 의사 소통 방법의 차이로 인해 생기는 갈등은 면접에서도 그대로 나타난다.

그러므로 이처럼 다문화 사회에서의 면접에 있어서 상대방의 의사소통 유형을 예측하는 것이 중요하다. 지금까지 언급한 것처럼 면접자의 의사소통 유형이 개인 중심(low context)인지 아니면 집단 중심(high context) 문화에 익숙한 사람인지를 예측해야 한다. 대개는 서구와 아시아로 대별하지만 이것은 개인의 특성과도 관련이 있다. 다문화 사회에서는 개인이나 집단의 문화방식과 관련된 의사소통 유형을 예측한다면 면접에서 많은 도움을 줄 수 있다.

외국인과의 면접에서 필요한 면접기법은 면접관과 면접자와의 거리를 좁히고, 언어에 담긴 편견을 벗어나고, 그들이 가진 민족성에 대한 사전 생각이나 편견 등을 벗어나기 위한 것이어야 한다. 면접관이 사용해야 할 면접기법은 다음과 같다.

면접의 목적과 필요성을 분명히 하고 기대하는 바를 명확하게 하라. 이 외국인이 혹은 나와 문화가 다른 이 사람이, 이 회사에서 할 일이 무엇인가에 집중하라는 것이다. 그 문화나 다른 사람과 구별되는 외모가 일처리에 영향을 미치는지 여부에 대해 살펴보자.

종교의 문제로 하루에도 여러 번 예배를 드려야 하는 사람인 경우 회사에서 일정시간 자리를 비울 수 없는데 그것을 어떻게 할 것인지 물어보자. 그러나 이런 것을 비웃는다가 억압하는 자세로 임해서는 안된다.

면접자들의 문화를 배워라. 그 상대방의 문화를 배운다면 그들이 가지고 있는 가치나 전통이라든지 삶의 현실을 이해하려고 노력하라.

말의 의미를 분명하게 하기 위해서 노력해라. 이를 위해서 다시 말하기(paraphrasing) 기법이라든가, 용기(encouraging)를 주는 것, 집중해 주는 것, 직접적인 것, 해석해주는 것들이 필요하다.

① 부모님은 뭐 하세요? 부모님? 아 그러니까 아버지와 어머니를 뜻하는 데에요. 이런 것이 다시쓰기 기법을 활용한 것이다.

② 네 참 잘하셨어요. 한국어 잘 하시네요. 이런 것은 용기를 주는 표현이다.

③ 은행에 가서 통장 만들었어요. 집에 부쳐요. 아 네 은행가서 통장을 만드셨군요. 집에 돈을 부치시려구요. 이런 것은 해석 해 주는 것이다.

④ 외국인 면접자가 무슨 말을 해야할 지 모를 때. 비비는 것 있 어요. 밥 넣고 비벼요. 아, 비빔밥이라는 단어가 생각나지 않 아 그가 이말 저말을 할 때 열심히, 관심을 가지고 들어주자. 그리고 비빔밥 그거 비빔밥이라고 해요. 하면서 직접적으로 말해주자.

알아들었다는 것을 체크하고 조심스럽게 증명할 수 있는 질문들을 하는 것이 필요하다.

면접관의 편견을 극복해야 한다. 서로 다른 문화 간에 존재할 수 있는 편견과 과정과 행동과 삶의 가치관들이 다르다는 것을 인정하는 것이다.

효율적인 의사소통의 기초는 적극적인 경청과 인간 관계의 훈련에 있다. 다문화 사회에서는 반드시 필요한 것이다.

8장

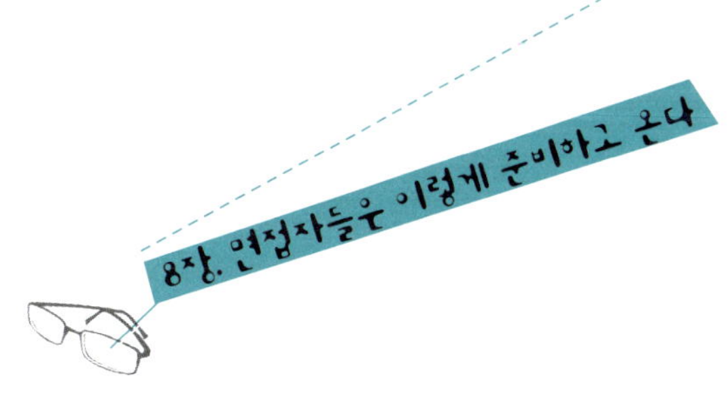

　　이 장에서는 면접자들이 어떻게 준비하고 면접장에 나타나는지를 살펴본다. 대개의 면접 책들에서 면접자들에게 알려주는 것은 거의 대동소이하다. 면접자들이 입고 오는 옷, 말투, 답변 태도, 답변 내용, 인사 방법 등은 거의 유사하다. 면접자들은 카페, 책, 동호회 등을 통해 철저하게 준비하고 온다. 이렇게 준비된 면접자들로부터 구별된 그들의 모습을 걸러내야 한하는 것은 면접관의 몫이다. 그러므로 그들이 준비하고 오는 내용을 점검하는 것이 필요하다.

모범 답안을 외운
그들의 허를 찌르자

면접은 사실 면접관과 면접자와의 두뇌 싸움이다. 면접관은 면접자의 능력을 파악하는 것이고, 면접자는 면접관이 자기의 능력을 알아채는데 실수하거나 실패하지 않도록 나를 소개하는 것이다.

면접자들은 면접을 위해서 많은 노력을 기울인다. 의식적, 무의식적으로 준비를 한다. 면접관들은 준비된 면접자들에서 실제의 모습을 찾아내기 위해 많은 노력을 기울여야 한다. 면접관들은 항상 마음에 저 사람이 회사에서 일을 잘 해 낼 수 있는가에 중점을 두어야 한다.

청소 일을 할 사람에게는 박사 학위보다는 그 일을 할 수 있는 체력을 가진 사람을 필요로 하다.

면접자들은 자기 자신이 얼마나 열의가 있고, 왜 이 회사에 채용되어야 하는가, 장래에 이 회사의 리더로 활약할 사람임을, 정중하게 그리고 열의 있게, 가볍지 않은 느낌으로 신중하게 전달하려고 노력한 것이다.

그러나 우선 면접관은 이 모든 말에서 '주어진 일에 가장 적절한 사람'을 골라야 한다는 가장 기본적인 원리를 항상 준수해야 한다.

면접의 과정은 이해를 통한 예측의 과정이다. 즉 면접관은 면접자에 대해 이해하고, 미래 행동을 예측할 수 있어야 한다. 면접은 바로 이러한 역량을 가진 사람을 골라내기 위한 것이다. 이 목적이 분명하지 않으면 면접은 삼천포로 빠진다.

이런 점에서 면접자들의 준비 양상을 살펴본디는 것은 그들을 이해하는데 많은 도움을 줄 것이다.

우선 그들이 준비하고 있는 모범 답안 및 답변 스킬에 대해 알아보자. 아래 제시하는 것은 필자가 인터넷 등에서 조사한 것을 모은 것이다. 면접관은 면접자들은 다음과 같은 모범 답안을 가지고 임한다는 사실을 알아야 한다.

이 사실은 면접관이 질문을 어떻게 해야 하며 이들을 어떻게 처리해야 하는가에 대해 많은 관심과 주의를 기울여야 함을 뜻한다. 실제로 면접자들이 많이 알고 있는 모범 답안을 제시해 본다.

아래 주어진 것을 달달 외우고 오는 사람과 창의적으로 답하는 사람을 구별해 내야 한다. 면접관들은 최근에 어떤 모범 답안이 떠다니고 있는지 알아보아야 한다. 그리고 이러한 질문을 대신 할 수 있는 다른 인코딩화된 질문 유형을 개발해야 한다.

그리고 추가 질문을 통하여 그들이 진실로 자기 스스로의 의견을 답하도록 유도해야 한다.

다음 예를 통해 살펴보자.

*우리 회사를 지원하게 된 동기는 무엇입니까?

이러한 질문은 회사의 기여도 및 개인의 목표 의식을 알아보려는 질문이다. 또한 회사에 공헌할 의지가 있는지 아니면 회사가 제공하는 안정, 혜택에만 관심이 있는지를 파악하려는 질문이다.

그러므로 자신의 장점을 최대한 부각시키는 답을 해야 한다. 업무와 연결하여 자신이 회사를 위해 무엇을 할 것이며 무엇을 해결할 수 있는지를 구체적으로 말한다. 이 질문의 답변을 위해 – 회사에 대한 정보 자료 수집 여부를 파악(회사연혁, 사훈, 경영이념, 가치관, 회사의 대표 사업 모델 회사의 잠재적 능력개발에 대한 제안, 상품, 기업문화 등) 그리고 회사업무 및 당면문제 등을 해결하는데 적절한 능력과 경력을 갖추고 있음을 언급한다. 특정분야에 경험, 경력, 자격이 없다면 이 일에 대한 열정을 강조하여야 한다.

*베스트 답변

귀사를 지원한 동기는 두 가지입니다.

첫째는 귀사의 제품들이 소비자들로부터 큰 신임을 받고 있다는 것, 둘째는 수출 실적이 높다는 것입니다. 저희 집에서는 귀사의 대표적 상품의 하나인 가전제품을 사용하고 있는데 어머님께서는 항상 견고성, 편리성, 유익성, 디자인 등에서 어느 회사의 제품보다 앞선다고 하십니다. 최근 제가 귀사에 입사를 결정하게 된 계기가 있었습니다. 10년 넘게 써오던 귀사 제품이 사소한 고장을 일으켰을 때 A/S를 나온 직원의 친절과 책임감이 저와 저희 가족을 감동시켰습니다. 이런 기업이라면 내 인생을 함께 해도 될 것 같다는 생각을 했습니다.

위에 제시한 것은 인터넷에서 아주 쉽게 찾을 수 있다. 만약 이렇게 대답하는 면접자에게 면접관은 어떻게 할 것인가? 마음 같아서는 "너, 모범 답안 그대로구나" 하고 싶지만, 면접관의 임무는 '지원자의 역량' 파악임을 마음에 깊이 새긴 터이라 참고 참아야 한다.

▶ 면접자를 불안하게 하지 마라
▶ 그들의 잘못을 그대로 보고 넘겨라
▶ 면접자의 불안은 곧 잠재 고객의 학대다

수없이 떠오르는 (훈련 받은) 문구를 생각하자! 단지 우리는 그를 비난하지도 말고 '허'를 찌르면 된다.

우리 회사제품이 소비자들로부터 신임을 받는 다는 것을 어떻게 알았나요?
집에서 사용하고 있는 우리 회사 제품은 무엇인가요?
A/S직원을 직접 만나보셨나 본데요. 그들은 유니폼을 입고 있었나요?

이처럼 '허'를 찌르는 질문에 모범 답안을 달달 외우고만 면접자는 그저 버벅거리다가 '허걱' 하고 포기할 것이다.

그들은 면접관들이
무엇을 좋아하는지 알고 있다

답변 태도에 관해서도 면접자들은 준비하고 있다. 이것은 마치 커뮤니케이션 휘트니스에 다닌 결과로 보아도 좋다. 이것이 생활화 된다면 회사 생활에 도움을 줄 수 있다. 이렇게 훈련할 수 있도록 많은 정보가 있는데도 그러한 것은 갖추지 못한 면접자는 낮게 평가해도 된다. 몇몇 예를 제시한다.

결론부터 이야기 한다.

2분 이내의 길이로 말한다.

자신의 지식수준에 맞춰 이야기한다.

다양한 표정으로 이야기 한다.

질문의 의도를 정확히 파악하라.

자신 있는 부분으로 이야기를 이끌어라.

바른 자세로 이야기한다.

다른 사람의 답변도 경청한다.

＊인사 담당자가 싫어하는 질문

1. 급여는 얼마나 됩니끼?

2. 귀사의 경우 전근은 있습니까?

3. 요즘 얼마동안 귀사의 경영상 문제점에 대해서 들었는데 그 내용을 좀 알 수 있을까요?

4. ○○에 대한 내용은 입사지원에서도 써있었지만 다시 질문해도 될까요?

＊인사 담당자들이 싫어하는 인간형 베스트 5

1위. 내 실력에 이 정도면 뭐

2위. 내가 못하는 것이 어디 있어?

3위. 대학 학과 공부를 하느라 다른 것에는 눈을 돌릴 시간이 없었다.

4위. 그럴 수도 있고 저럴 수도 있겠네요.

5위. 저, 에, 또,

*솔직하게 다 얘기하면 좋아할 거예요

외국인 회사의 면접관들은 지원자의 답변에 맞장구를 잘 치기로 유명하다. 그래야 지원자들이 자기 정보를 죄다 꺼내놓기 때문. 우리 기업들도 비슷한 추세다. 그런데 여기서 좋다고 깔깔거리며 면접관과 함께 맞장구를 치고 나오면 탈락할 확률이 99%다. '궁금한 게 있으면 물어보라' 는 질문에도 속지 마라. 지원자의 경계를 늦추게 만드는 덫. "면접은 학술회의가 아니며 당신이 질문을 하고 대답을 듣기에 적절한 상황이 아니다" 라고 충고한다.

*패기 있게! 당당하게 가는 거야!

면접관들이 가장 부담스러워하는 지원자 1순위는 너무 당당한 사람이다. 자신감이 넘쳐 희망 연봉액수까지 밝히기도 하는데, 당연 감점요인이다. "제가 적임자입니다"라는 노골적 발언도 금물. 너무 절박하거나 지나친 겸손도 불리하다. "제 이력서를 검토해주셔서 감사합니다", "뽑아만 주신다면 이 몸 다 바쳐 일하겠습니다" 같은 말들은 삼가라.

* 탈락엔 분명한 이유가 있겠죠

기업들은 인정하지 않겠지만 회사마다 인재를 뽑는 비공식적인 심사기준이 있다는 게 정설. 샤피로에 따르면 "성별·학벌·외모를 포함해 종교·결혼관·자녀양육관·건강상태·성적 취향 등 다양하다"는 것이다. 블로그 등 인터넷에 공개된 개인 자료도 주의를 기울여야 한다. 블러그 등에 올린 괴상한 사진, 독특한 습관이 취업을 방해하는 덫이 될 수 있기 때문이다.

각종 책에서 소개하는 면접 방법

몇몇 책에서의 면접 비법을 소개한다. 대개의 책들의 내용이 대동소이하다.

면접관 앞에서 면접 답변법!

*** 면접관을 단번에 제압하는 최고의 답변을 준비한다!**

이 책은 면접을 통해 자신이 '기업이 필요로 하는 바로 그 사람'임을 잘 표현할 수 있는 답변 방법을 제시한다. 이 답변들은 국내 주요 기업 합격자들과 현재 취업을 준비하는 학생들을 대상으로 모의 면접을 진행하고, 그 답변 내용들 중에서 취업 준비자들이 참고할 만한 가치가 있는 내용들을 추려서 정리한 것이다.

본문은 총 9장으로 구성되어 있다. 우선 기업과 취업 준비생에게 있어서 면접의 중요성을 이야기하고, 문답식 면접, 토론 면접, PR · 프리젠테이션 면접 등 다양한 면접 유형을 소개한다. 면접 준비 시 체크해야할 사항, 면접장 공포증을 없애는 방법, 면접 보러 가기 전 컨디션 관리까지 꼼꼼히 일러준다.

이어 각 장은 현재의 '나'를 묻는 질문, 지원 동기를 묻는 질문, 여성 지원자에게 묻는 질문, 압박 질문 등 다양한 질문을 주제로 한다. 각자의 상황에 맞추어 현재 자신이 취약한 질문을 집중적으로 살펴 볼 수 있다. 또한 부록으로 지원 동기를 위한 업무별, 업종별 참고자료와 실제 면접 코칭 사례는 실제 면접 시 유용하게 사용할 수 있다.

면접시험에서 성공할 수 있는 방법!

면접관이 원하는 것이 무엇인지를 생생하게 담고 있는 이 책은 면접에서 승리하기 위한 자기 분석법과 실제 면접 사례, 반복하기 쉬운 실수들을 소개한다. '차별화된 면접'이란 무엇인지 구체적으로 알려준다. 본문은 면접에서 합격하는 사람과 떨어지는 사람의 차이, 자기 소개에서 꼭 해야 할 말과 해서는 안 되는 말, 지원 동기만으로 면접관에게 강한 인상을 줄 수 있는 방법, 단점을 장점으로 전환시키는 방법 등 취업 준비생들이 가장 궁금해 하는 사항들을 구체적이고 생생하게 담고 있다. 저자는 이 책에서 '면접'이란 그 형태가 무엇이든지 간에 모두 자기 소개와 지원동기 두 가지를 통해서 자신을 프리젠테이션하는 것이라고 정의한다.

＊책에서 제시하는 내용의 일부를 요약 정리하면 다음과 같다.

▶ 1번째는 자신감.
▶ 2번째는 겸손.

어찌 보면 상반된 답일 수도 있으나 대학 면접뿐만 아니라 직장 구직 시 면접에서도 같은 이치입니다. 자신감은 자만감이 되지 말아야 하며, 겸손은 외약함이 되서는 절대 안 됩니다.

자신감은 자신을 사랑함에서 나오는 긍정적 표현입니다.

무엇을 물어 대답하건 솔직하게 자신을 표현하시길 바랍니다.

또한 모르는 부분은 '잘 모르겠습니다' 보다는

(이유 : 잘 모르면 어디까지 아세요? 라고 압박질문을 할 수 있습니다.)

정확히 그 부분은 ('잘'은 빼고~) 모르겠습니다만 추후에 제가 필히 알도록 하겠습니다' 라는 표현이 좋습니다.

어느 조직이나 긍정적 사고에 인재를 원합니다. 이를 염두해 두시고 면접 진행을 하세요.

그리고 '수고하셨습니다' 라는 말은 윗사람에게 상당히 비하 발언으로 들릴 수 있으니 절대 삼가시길 바랍니다.

가장 적당한 말은 '감사합니다' 라고 말하는 것이며, 자리에서 일어나서 (면접실을 나가기 전에) 말하는 것이 좋습니다.

면접대기실에서는 산만한 모습을 보이시면 안 됩니다.

일례로 미국의 유나이티드 항공사와 모 대학의 사범대학교 등에서는 면접 시 면집 진행관에게도 면접대기자를 평가하는 시스템을 가지고 있습니다. 이는 사전 평가라고 해서 대기업 면접의 추세이며, 이를 통해 면접자의 불안한 심리 상황에서의 솔직한 단면을 평가하는(다면평가시스템) 중요한 척도라 할 수 있습니다.

따라서 진중하게 면접대기를 하십시오. 자신의 생각을 정리하는 등 마음을 정리하는 시간으로 쓰세요.

면접 잘 보세요. 말 그대로 면접은 자신을 남에게 보이는 상황입니다.

면접 지침을 알려주다

면접 당일이나 '면접 하루 전'의 점검, 차분하고 진중한 마음가짐, 옷차림, 대기실에서의 시간 활용법, 나아가 면접관들이 선호한다는 표정 짓는 법들도 알려준다.

그리고 구체적인 표현 방법도 가르쳐 준다. 예를 들면 막연하거나 진부한 표현을 사용하지마라, 자신의 경험을 바탕으로 구체적으로 이야기하되 이미 이루어 낸 성과를 자랑하기보다는 앞으로 이루어 낼 수 있는 가능성에 초점을 맞추어서 말하라.

예의를 벗어나지 않는 한에서 기발한 시도나 유머를 곁들여서 말해, 외모

또한 전략이야, 자신감 있는 태도를 보여, 적극적이고 진취적인 사고방식을 가져,

그러므로 '철밥통'을 연상케 하는 답변. 안정적 봉급체계나 해고가 곤란하다는 요지의 답변들. 대기업이라면 두둑한 보수 언급 위주의 답변은 높은 점수 획득에 부정적이다. 뭔가 다르게 하는 것이 관건일 것 같다. 오랫동안 귀사를 주목해왔다는 식의 언급이 좋다.

매뉴얼에 심하게 짜여진 듯한 이력(토익-큰단체주관봉사활동-학업-유학)을 나열하라

'취미는 이것이다'라고 말하는 것은 어렵지 않으나 '내 특기는 바로 이것입니다'라고 시원하게 말할 수 있는 사람은 드물 것 같다. 솔직히, 무난하게 구기종목 중에서 하나 고르는 것이 가장 나을 듯 싶다.

공을 차보라거나 라켓을 휘둘러보라고 하는 일은 없을 테니 말이다. 그리고 취미-특기가 너무 내향적으로 치우쳐진 조합도 곤란할 것 같다. 이를테면 취미는 꽃꽂이요 특기는 펜글씨… 이런 조합이 나쁜 것은 아니지만 면접 자리에서 강조할 사항도 아닌 것 같다. 여럿이 하는 구기종목이나 등산 정도면 붙임성 있어 뵌다고 생각한다.

스펙을 쌓기 위한 활동과 실제 회사 업무는 크게 다르다. 대개의 회사가 '실무형 인재'를 강조하면서 면접을 강조하는 것도 이러한 이유이다. 화려한 이력보다는 실천적인 사람을 지향한다.

최근의 면접 추세는 순발력보다 인내력, 집중력이 좌우한다. "요즘 기업들은 꼬리에 꼬리를 무는 탐층 질문, 심층면접을 선호하는 이유는 바로 여기에 있다. 어느 일간지에서 말하기를 이러한 면접에서 좋으 점수를 얻으려면 그 기업의 인재상과 관련된 키워드, 이를테면 '고객지향', '열정', '신뢰'와 연관된 자신의 구체적 경험담을 서너 가지 준비해놓아야 한다는 것이다.

면접자를 위한 가이드

* 아래 주어진 것은 특정 책에 있는 소제목들이다. 소제목만 100개가 넘는다. 이들을 모아 놓으니 모든 면접의 비법을 알 것 같다. 이론상으로는. 그러나 이들을 연습하고 훈련하지 않으면 실행하기 어렵다.

아침에 일어나서 긴장을 풀려고 하지 않는다, 거울 속의 자신과 눈을 맞추며 자신과 약속한다, 거울을 보면서 자신의 베스트 표정을 확인한다, 최고의 면접을 이미지 트레이닝한다, 면접 1시간 전까지 회사에서 가장 가까운 역에 도착하라, 건물에 출입하는 사원을 본다, 빛나는 사원을 관찰한다, 빛나는 사원인 척한다, 건물을 향해 걷기 시작한 순간부터 면접은 시작되고 있다, 나는 꼭 발탁될 것이라 믿는다, 장래의 리더가 될 사람으로서 면접을 받고 있다, 노크는 2번, 지적이고 상쾌하게 자신감과 의욕을 담은 "실례합니닷", 문을 열고 면접관과 눈이 마주친 순간, 문을 닫을 때는 부드럽게, 문이 닫히는 순간은 조심스럽게, 문을 부드럽고 재빠르게 닫았다면, 면접관 정면까지 이동할 때는 성인스럽게, 순간적으로 어필하라, 미묘하게 큰 소리로 천천히 이름을 말하지 않는다, 인사할 때에는 모든 면접관과 눈을 맞춘다, '말하는 것'과 '인사'는 구분한다, 인사는 일어선 자세를 바르게 정한 후 "잘 부탁드립니다"하고 말한 후 보다 정중히 인사한다, 우선 상황을 읽어라, 처음 목소리는 의식적으로 높이를 낮게 한다, 처음 인사말을 좀 더 생각해서 한다, 긴장을 늦추지 않는 늠름한 자세로 웃음을 보인다, 지망하는 회사와 업무에 맞는 웃는 모습을 한다, 자신 없는 듯한 표정을 하면 확실히 떨어진다, 눈은 약간 크게 떠라, 입 주위를 긴장시킨다, 당신이 먼저 눈을 맞춘다, 면접관이 여러 명일 경우에는 각각 시선을 맞춘다, 질문을 받아 듣고 있을 때에는 질문자와 눈을 맞춘다, 질문에 답할 때에는 면접관 전원과 눈을 맞춘다, 어려운 타입인 사람에게는 특히 정중히 눈을 맞춘다, 눈 표정을 컨트롤하라, 자신이 먼저 시선을 떼지 않는다, 눈을 맞추지 않을 때에도 자신의 표정을 면접관이 보고 있다, 눈만 움직이지 않는다, 긴장된 표정만이 아니라 부드러운 표정을 지을 수 있는가, 턱을 너무 끌어당기거나 들거나 하지마라, 앞머리를 늘어뜨리지 않고 이마를 보인다, 머리카락을 쓸어 올리거나 머리에 손을 대지 않는다, 헤어스타일은 젖은 듯한 느낌으로, 눈썹 손질은 하지 않은 듯이(남성), 양복은 어두운색 계열의 양복을 선택하라, 면접용 정장은 이제 졸업하자(여성), 구두는 좋은 것을 신어라, 정장의 바지와 상의소매는 길이로 세련됨을 어필한다, 몸 전체로 조금 큰 목소리를 낸다, 질문을 받으면 곧바로 대답하지 않는다, 발언하는 '처음 문장'은 가능한 짧게 한다, 어미를 짧고 시원스럽게 한다, 발음을 좋게 또한 시원스럽게 한다, 상대방이 기분 좋게 느끼는 깨끗한 톤으로 한다, 얘기를 더 듣고 싶도록 만드는 매력적인 음성을 내자, 이야기 처음부터 조금씩 음정을 선명하게 한다, 말하는 방법보다 듣는 방법이 중요하다, 많은 이야기를 할 수 있게 한 자가 이긴다, 연속해서 맞장구치지 않는다, 너무 듣는 자세로만 있는 것은 금물이다, 오히려 맞장구를 치지 않는다, 가장 심각하게 말하는 한 순간을 만든다, 중요한 부분은 약간 큰 소리로 말한다, 이야기의 속도에 완급을 준다, 중요한 것은 이를 말하기 직전에 '간격'을 둔다, 중요한 것을 말할 때 목소리를 낮추어 천천히 말한다, 가장 말하고 싶은 부분을 '약간 강조하는 어조'로 말한다, 기회에 스피드 감을 갖고 말을 한다, 면접관과 웃음을 공유한다, 웃은 후에 면접관 보다 먼저 냉정함을 찾은 표정으로, 첫인상으로 끝까지 일관하려고 하지 않는다, 잘 되고 있으니 빨리 끝내기를 바라서는 안 된다, 자신이 면접을 끝맺으려고 하지 않는다, 모든 것을 꺼내지 말라, 자신이 먼저 이야기 해나간다, 면접관이 아래를 보며 기입하고 있을 때가 찬스이다, 발언이 끝날 때에 "이상입니다"로 끊는 느낌을 주어라, 당연한 것은 말하지 않는다, 결론부터 전한다, 필요 없는 말은 하지 않는다, 자신의 열의를 뜨겁게 말함으로써 어필하려고 하지 않는다, 열의를 평가 받으려고 하지 않는다, 강조하는 형용사는 가능한 생략한다. 과거의 실적에 의존하지 않는다,

압박 면접은 일부러 하고 있는 것이다, 압박에는 냉정함으로 대응해라, 압박해 오는 면접관은 그 후 일변하여 좋은 사람이 된다, "저부터 해도 되겠

습니까?”하며 화제를 꺼낸다, 다른 목소리 톤을 낸다, 당신의 답에 대한 반응이 별로 좋지 않았을 때, 말 실수를 했을 때, 입장을 역전시키는 비결은 “마지막으로 한 마디 해도 되겠습니까?”, 떳떳한 변명도 플러스 알파로 ‘0’이 된다, “이대로는 떨어진다”고 느낀다면, 최대한 감사를 담은 말을 전한다, 마지막 인사는 정중하게, 인사한 후 마지막으로 한 번 더, 면접관과 다른 스텝에게 감사의 마음을 항상 잊지 말라,

지망기업의 사원을 모방을 하자, 업무관 등에 대해서 지망기업 사람과 동시성을 꾀한다, 동종업계 타사와 가치관 차이를 파악하여 익힌다, 시선처리와 눈의 힘 행동 패턴을 바꾼다, 자랑거리를 말하려면 객관적으로 뛰어날 필요가 있다, 단점을 자각할 수 있는가, 장점을 전달하는 방법, 성공담의 반성해야 할 점은 제시하고 있는가, 멋진 말을 할 거라면 지식으로 이론을 무장해라, 숫자를 언급해라, 의견을 말한 만큼의 행동을 실제로 해 왔는가, 결론부터 말해라, 어느 부서에서 어떠한 일을 하고 싶은가.

경험자는 말한다 – 친절하셔라

2008년 7급 공채 면접 후기입니다. 최근 들어 최종합격인원 대비 필기시험합격자를 120% 정도 선발하면서 면접의 중요성이 높아지고 있습니다. 35분 동안에 자신의 강점을 어필하기에는 쉽지 않습니다. 물론 대부분의 사람들이 튀지 않고 무난하게 가자는 입장일 수도 있습니다. 하지만 다른

사람에게 물어가는 것보다 자신을 확실히 나타낼 수 있으면 더 좋을 것입니다. 제 경험이 면접을 준비하시는 여러분께 도움이 되어 함께 일선에서 근무할 수 있으면 좋겠습니다.

저는 면접을 학원프로그램을 수강과 스터디를 구성해서 준비하였습니다. 하지만 학원프로그램은 효과가 아주 미미하였습니다. 지방 학원에서 급조해서 만든 프로그램이어서 수험생 보다 면접 방식에 대해 더 모르는 경우가 많아 큰 도움이 되지 못했습니다. 그보다 필기 합격자들과 같이 스터디를 구성하여 준비하는 편이 좋을 것으로 생각됩니다.

면접에서 주요 평가 요소는 △정신자세 △전문지식 △논리성 △성실성 △창의성입니다. 전문지식은 세법 관련 문제를 질문하시지만 저를 비롯해 다른 합격자들의 경험을 들어 보아도 전공 관련 지식은 질문에 큰 비중을 차지하지 않았습니다.

개인적으로 가장 중요한 점은 '내가 이 조직에서 얼마나 융화될 수 있는 사람인가' 와 '창의성, 문제해결 능력' 이라고 생각합니다. 그리고 면접을 보는 동안 절대 거짓말은 하지 마시고 잘못 답변하였으면 '죄송합니다만은 긴장하여 제 생각이 짧았습니다' 라며 잘못을 인정하는 모습도 나쁘지 않다고 생각합니다.

면접에서 가장 중요한 점은 자신감 있는 모습을 보이면서도 겸손함을 잃지 않는 자세와 진솔한 태도라고 생각합니다. 답변 중 실수하시더라도 낙담하지 마시고, 또 면접관님 중에는 까다롭게 대하시는 분도 계시지만 수험생의 반응을 보기 위한 것이니 침착하게 질문에 답하시기 바랍니다. 그리고 자신이 가진 능력과 열정을 잘 표현할 수 있는 경험을 많이 생각하시기 바랍니다. 발표면접은 대부분 익숙하지 않아 준비에 어려움을 많이 겪습니다. 제가 생각하기에는 우선 면접 대비 도서나 공무원 준비생들의 카페를 통해 기출 문제를 확보하시고, 6급 견습직원선발이나 행정고시 기출 문제를 통해서 반복 연습하시는 것이 가장 좋은 준비 방법입니다. 스터디를 구성해 다른 사람 앞에서 말하는 연습을 해보는 것이 거울을 보며 혼자 준비하는 것 보다 실전에서 효과를 보실 수 있을 것입니다. 발표문 작성 시간이 25분이므로(시간은 시험 때 마다 변경될 수 있으니 면접공고를 참고하시기 바랍니다.) 시간 내에 개요를 잡고 발표문의 틀을 잡는 연습을 10번 정도 하시다 보면 어떤 질문이 나와도 6~8분 정도는 말하실 수 있을 것입니다.

그동안 필기시험 공부하시느라 다들 고생이 많으셨습니다. 이제 면접만 남겨두었습니다. 저 또한 면접을 보고나서 콧등에 땀이 날 정도로 긴장하였습니다. 하지만 평소에 다른 사람 앞에서 말을 해 보지 않아도 사투리를 써도 말을 더듬어도 준비와 연습만 하면 다들 잘 무사히 면접을 보실 수 있습니다. 이제 합격하는 일만 남았습니다.

참고
문헌

강진주(2003), 「남자는 스타일로 승부한다」, 리즈앤북.

구현정(2003), 「대화 : 사람의 마음을 표현하는 최선의 방법」, 인디북.

구현정(2005), 「의사 소통의 기법 = Communication」, 박이정.

구현정(2009), 「대화의 기법: 이론과 실제」, 경진문화.

곽경호(2001), 「자기소개서」, 행법사.

김기봉(2001), 「(대기업 면접관이 말하는) 면접살생부」, 양서원.

김농주(1997), 「100점 면접 활용법: 취업면접의 효과적인 자기 연출을 위한」, 신원문화사.

김승용(2005), 「2006년 취업전략」, 하이비전.

김원동(2008), 「무한도전 성공면접」, 책과 사람들.

김원동(2004), 「클릭 취업 면접 쉽게 통과하기」, 책과 사람들.

김종환, 나욱철, 백광봉 옮김(2005), Alan H. Nierenberg 지음, 「면접관을 인터뷰하라」, 한국매그로힐(주).

김진만(2007), 「사자 성어 활용사전」, 큰방.

김창룡(1994), 「인터뷰, 그 기술과 즐거움」, 김영사.

김효정(2009), 「나는 이렇게 면접을 통과했다: 합격자 30명의 입사면접 이야기」, 메디치.

매경비지니스(1994), 「면접 가이드」, 매일경제신문사.

문상식(2009), 「자기 소개서&면접: 자기 소개서! 제대로 쓰고, 면접! 자신있게 말하기」, 박문각.

문선희(2008). 「취업 전략 글쓰기와 말하기」, 문장.

문장(1997), 「면접·자기 소개서: 고득점합격」, 수험문장평가연구회.

박인용(1996), Heaviside, George 지음, 「면접시험에 합격하는 법」, 열린
　　세상.

박종흡(2003), Spradley, James P 지음, 「(문화기술적) 면접법」, 시그마프
　　레스.

변혁(2000), 「인터뷰」, 우일영상.

서승환(2004), 「(대학 교수 20인이 쓴) 심층면접 논술 알짜배기」, 지상
　　사.

서형준(2008), 「면접의 정석」, 부키.

손언영(2007), 「(면접관이 선호하는 0순위) 자기 소개서 이력서 쓰기」,
　　랜덤하우스코리아.

아이케이씨. 기업문화연구팀(2006), 「우리 회사는 이런 인재를 원한다:
　　10대그룹 취업·면접 필살기」, 웅진씽크빅.

안현희(2007), 「(잡코리아와 함께 하는 실전 면접에 강한) 면접질문 199
　　제」, 제우미디어.

양서원(2003), 「(면접관이 말하는) 공무원 면접 시험 check list」, 공무원
　　면접시험연구회.

양종철(2008), 「대기업은 어떤 사람을 뽑을까」, 길벗.

오효진(2004), 「인터뷰의 황제가 되는 길: 오효진의 인간탐험 저자가 쓴
　　체험적 인터뷰론」, 월간조선사.

윤광희(2004), 「만점 면접 노하우」, 물푸레.

윤치영(2006), 「면접 하루 전에 읽는 책」, 팜파스.

이경륜(2007), 「이력서 자기 소개서 국문 영문 이렇게 쓰고 면접 프리젠

테이션 국어 영어 이렇게 말한다」, 세창미디어.

이근면(2009), 「(하룻밤에 끝내는) 면접의 키포인트 55」, 위즈덤하우스.

이병숙(2006), 「차별화된 면접 경쟁력을 키워라 성공한 그녀들의 취직 전략 엿보기」, 펌파스.

이수미(1996), 「1분 자기소개법」, 양서원.

이완규(2006), 「(취업대비) 면접잡기 = Corporation interview all in」, 시대고시기획.

이진원 옮김(2009), 타구치 히사토 지음, 「나도 나를 모르는데 취업을 하겠다고」, 브레인 스토어.

이태종(2002), 「신문이 보약이다」, 김영사.

이필(2009), 「역량 면접: 파워를 키워라」, 법률출판사.

이현표(2001), Falkenberg, Viola 지음, 「인터뷰이를 위한 인터뷰의 이론 과 실제」, 커뮤니케이션북스

인크루트(2005), 「면접아, 나랑 한판 붙자!: 취업·전문기관 인크루트」, 인크루트.

정동수 외 지음(2004), 「면접 딱풀: 면접 붙을 이유 딱 하나면 술술 풀린 다」, 제이앤북.

정동수(2009), 「면접의 기술」, 은행나무.

정동수(2009), 「면접의 기술: 기본스펙으로 뚫는 1% 합격의 비밀」, 은행 나무.

정준희 역(2003), 「후지산을 어떻게 옮길까?: 마이크로소프트의 서바이 벌 면접」, 해냄.

조성철(2001), 「(입사면접 테크닉) 면접 시험 성공하기」, 예문당.

조오현(2006), 「(자기 가치를 높이는) 면접과 프리젠테이션 전략」, 건국

대학교출판부.

중곡장굉(1997), 「면접에서 이기는 성공법칙 50가지」, 홍익출판사.

최윤정(2009), 「면접답변법」, 북플래닛.

하영옥(2007), 「핵심인재를 선발하는 면접의 과학」, 맑은소리.

한국데이타(1991), 「면접 · 자기 소개서 · 취업논(작)문」, 한국데이타 편
    집부.

한민석(2003), 「(한민석 교육학) 면접 특강」, 현대고시사.

황미진 옮김(2005), 스기무라 타로 지음, 「면접의 기술」, 한국재정경제연
    구소.

황선길(2005), 「(잡코리아와 함께 하는) 면접질문 174제」, 제우미디어.

Ann Demarais, and Valerie White(2004), First Impressions, Bantam.

Bob Adams(2001), Job Intreview, Adams.

Carole Martin(2004), Boost Your Intreview, Mc Graw Hil.

Dann Burns(2009), The Frist 6 Seconds, Sourcebooks, Inc.

Kate Wendleton(1996), Getting Interviews, Career Press.

Laura Davis(2002), I Thought We'd Never Speak Again, Harper
    Collins.

Lawrence Grobel(2004) The Art Of The Interview, Three River Press.

Leil Lowndes(2003), How To Talk To Anyone, McGraw Hil.

Matthew J. Deluca & Nanette F. Delucal(2004), 24 Hours To The
    Perfect Interview, McGraw Hill.

Robin Kessler(2006), Competency-Based INTERVIEWS, Career Press.

Paul W. Sweets(1983), The Art Of Talking So That People Will Listen,

A Firesidebook.

Robert A. Shearer(2005), Interviewing, Pearson Education, Inc.

Sam Horn(1996), Tongue Fu, ST. Martin's Griffin, New York.

Tom Washington(2004), Interview POWER Selling Yourself Face To
Face, Mount Vernon Press.

http://www.FiveOClockClub.com